TABLE DES MATIÈRES

L'INTELLIGENCE ARTIFICIELLE

Le Compagnon de l'Être Humain

KOUADIO KONAN JOEL

L'INTELLIGENCE ARTIFICIELLE

Le Compagnon de l'Être Humain

PLAN DU LIVRE

Préface

Introduction

- Comment l'IA transforme notre quotidien
- Une révolution accessible à tous
- Comment tirer parti de ce livre

Partie 1 : L'ia Au Service Du Quotidien

Objectif : Découvrir comment l'IA facilite la vie de tous les jours et apprendre à l'utiliser efficacement.

Chapitre 1 : L'ia Comme Assistant Personnel

1. **Les assistants vocaux et chatbots** (Siri, Alexa, ChatGPT, etc.)
2. **Organiser son emploi du temps avec l'IA** (gestion du temps, rappels, automatisation)
3. **Voyager et découvrir le monde grâce à l'IA** (traduction, itinéraires intelligents)

Exemples : Utiliser ChatGPT pour planifier un voyage.
Exercice : Configurer un assistant IA pour gérer une semaine de tâches.

Chapitre 2 : L'ia Et La Maison Intelligente

1. **Domotique et automatisation** (maison connectée)

2. **Sécurité et surveillance** (caméras intelligentes, alarmes AI)
3. **Optimisation énergétique et confort** (thermostats et éclairage intelligents)

Exemples : Contrôler son domicile à distance avec une IA.
Exercice : Créer une routine domotique avec une IA.

Chapitre 3 : L'ia Et La Communication

1. **Traduction en temps réel et création de contenu**
2. **IA et réseaux sociaux** (génération de posts, modération automatique)
3. **L'IA pour la rédaction et l'emailing**

Exemples : Rédiger un article de blog avec une IA.
Exercice : Utiliser une IA pour optimiser ses emails professionnels.

Chapitre 4 : L'ia Et La Finance Personnelle

1. **Gérer son budget avec l'IA** (suivi des dépenses, prévisions financières)
2. **Investir intelligemment grâce à l'IA** (robots-conseillers, analyses prédictives)
3. **Sécuriser ses transactions avec l'IA**

Exemples : Simuler un investissement avec une IA.
Exercice : Configurer un assistant IA pour suivre ses finances.

Partie 2 : L'ia Comme Outil De Travail Et De Productivité

Objectif : Apprendre à utiliser l'IA pour gagner du temps et améliorer son travail.

Chapitre 5 : Automatiser Son Travail Avec L'ia

1. **Outils d'automatisation** (Zapier, Make, AutoGPT)
2. **Génération automatique de documents et rapports**
3. **L'IA dans la gestion de projet**

Exemples : Créer un workflow automatisé avec Zapier.
Exercice : Automatiser une tâche administrative avec une IA.

Chapitre 6 : L'ia Et La Créativité

1. **Créer des images et vidéos avec l'IA** (DALL·E, Runway, MidJourney)
2. **Composer de la musique et du son avec l'IA**
3. **Écrire un livre ou un scénario avec une IA**

Exemples : Générer une couverture de livre avec une IA.
Exercice : Utiliser une IA pour rédiger un chapitre d'un livre.

Chapitre 7 : L'ia Et L'éducation

1. **L'apprentissage personnalisé avec l'IA**
2. **Créer des cours et formations avec l'IA**
3. **L'IA comme professeur et tuteur personnel**

Exemples : Utiliser ChatGPT pour apprendre une nouvelle langue.
Exercice : Créer un quiz éducatif avec une IA.

Chapitre 8 : L'IA et le recrutement / entrepreneuriat

1. **Utiliser l'IA pour améliorer son CV et sa candidature**
2. **Créer une entreprise avec l'aide de l'IA**
3. **L'IA dans le marketing et la gestion client**

Exemples : Automatiser un plan marketing avec une IA.
Exercice : Simuler un entretien d'embauche avec une IA.

Partie 3 : L'ia Dans La Santé Et Le Bien-Être

Objectif : Comprendre comment l'IA améliore notre santé et notre qualité de vie.

Chapitre 9 : L'ia En Médecine Et Diagnostic

1. **L'IA pour détecter les maladies**
2. **L'IA et la télémédecine**
3. **Les assistants IA pour les professionnels de santé**

Exemples : Un chatbot IA qui aide à diagnostiquer les symptômes.
Exercice : Trouver une IA qui analyse des radios médicales.

Chapitre 10 : L'ia Et La Nutrition

1. **Créer des plans alimentaires personnalisés avec l'IA**
2. **Analyser sa consommation et éviter le gaspillage**
3. **IA et suivi de la condition physique**

Exemples : Utiliser une IA pour créer un programme de nutrition.
Exercice : Tester une application IA pour le suivi sportif.

Chapitre 11 : L'ia Et La Santé Mentale

1. **Les chatbots thérapeutiques (Wysa, Replika, Woebot)**
2. **Gérer le stress avec l'IA**
3. **Créer un équilibre entre travail et vie personnelle**

Exemples : Utiliser une IA pour méditer.
Exercice : Tester un chatbot thérapeutique IA.

Chapitre 12 : L'ia Et La Longévité

1. **Les recherches sur l'IA et l'augmentation de la durée de vie**

2. **L'IA pour la génétique et la médecine prédictive**
3. **Les avancées en bio-ingénierie et IA**

Exemples : Simuler une consultation IA pour le bien-être.
Exercice : Explorer un outil IA pour prédire son état de santé futur.

Partie 4 : Les Limites, Défis Et Avenir De L'ia

Objectif : Explorer les défis éthiques et anticiper le futur de l'IA.

Chapitre 13 : Les Dangers De L'ia

1. **Les biais algorithmiques**
2. **Les risques d'arnaques et deepfakes**
3. **Les problèmes de vie privée**

Exemples : Détecter un deepfake avec une IA.
Exercice : Trouver une IA qui protège ses données personnelles.

Chapitre 14 : L'éthique Et La Régulation De L'ia

1. **Les lois en place et leur évolution**
2. **L'IA et le respect des droits humains**
3. **Peut-on faire confiance aux IA ?**

Exemples : Lire une politique d'IA éthique d'une entreprise.
Exercice : Débattre sur un cas éthique impliquant l'IA.

Chapitre 15 : L'avenir De L'ia Et L'humain

1. **Vers une IA encore plus puissante**
2. **Les synergies entre IA et humain**
3. **Comment s'adapter à cette révolution ?**

Exemples : Explorer des projets futuristes d'IA.
Exercice : Imaginer une journée en 2050 avec l'IA.

Conclusion

- L'IA est une opportunité, pas une menace
- Devenir un utilisateur éclairé de l'IA
- Comment aller plus loin après ce livre

PRÉFACE

Nous vivons une époque extraordinaire. L'intelligence artificielle (IA) transforme le monde à une vitesse fulgurante, révolutionnant nos manières de travailler, de créer, d'apprendre et d'interagir avec la technologie. Ce qui semblait relever de la science-fiction il y a quelques décennies est désormais une réalité omniprésente : des assistants virtuels capables de répondre à nos questions, des outils capables de générer du contenu de qualité en quelques secondes, et des algorithmes capables d'anticiper nos besoins avant même que nous les exprimions.

Mais au-delà des avancées technologiques, une question essentielle se pose : **comment pouvons-nous utiliser l'IA pour améliorer notre quotidien et maximiser notre potentiel ?** Trop souvent, nous voyons l'IA comme un phénomène réservé aux ingénieurs et aux chercheurs, alors qu'elle est devenue accessible à tous, prête à être exploitée pour optimiser notre productivité, notre créativité et même notre bien-être.

C'est précisément l'objectif de ce livre. Il ne s'agit pas d'un manuel technique, mais d'un guide pratique qui vous montrera **comment l'IA peut vous aider concrètement, que vous soyez entrepreneur, étudiant, créateur, professionnel ou tout simplement curieux.** Vous découvrirez comment l'IA peut automatiser des tâches répétitives, générer du contenu, améliorer votre apprentissage, et même vous accompagner dans votre développement personnel et professionnel.

Cependant, avec cette puissance viennent aussi des **défis et des responsabilités**. Les biais algorithmiques, la protection des données, l'éthique de l'IA et ses implications sociétales sont des aspects que nous devons comprendre pour utiliser ces technologies de manière éclairée et bénéfique. L'IA n'est ni un danger absolu ni une solution miracle : c'est un outil puissant qui, bien utilisé, peut nous propulser vers un avenir plus efficace et plus équilibré.

À travers ce livre, vous apprendrez non seulement **à maîtriser les outils d'IA existants**, mais aussi **à anticiper les évolutions futures** pour mieux vous y adapter. Chaque chapitre propose des cas concrets, des exercices pratiques et des outils accessibles pour que vous puissiez, dès aujourd'hui, commencer à intégrer l'IA dans votre quotidien.

L'avenir appartient à ceux qui savent **s'adapter et évoluer avec la technologie**. En lisant ce livre, vous faites déjà un premier pas vers cette transformation. **L'IA est là. À vous de l'exploiter intelligemment.**

Bonne lecture et bienvenue dans l'ère de l'intelligence artificielle !

Comment L'ia Transforme Notre Quotidien

L'intelligence artificielle (IA) est aujourd'hui partout. Que ce soit dans nos téléphones, nos maisons, nos voitures ou nos lieux de travail, elle façonne notre manière de vivre, de communiquer et de travailler. Il y a encore quelques années, l'IA semblait réservée aux experts et aux grandes entreprises technologiques. Aujourd'hui, elle est accessible à tous et simplifie nos tâches quotidiennes.

- **Tu écoutes de la musique ?** Les plateformes comme Spotify ou YouTube utilisent l'IA pour te recommander des chansons adaptées à tes goûts.
- **Tu veux rédiger un email professionnel ou une publication sur les réseaux sociaux ?** Des outils comme ChatGPT et Jasper AI peuvent t'aider à générer du contenu en quelques secondes.
- **Tu cherches un itinéraire optimisé pour éviter les embouteillages ?** Google Maps et Waze utilisent l'IA pour analyser le trafic en temps réel et proposer le meilleur trajet.

L'IA ne remplace pas l'humain, mais elle devient un **compagnon intelligent**, capable de nous aider à accomplir des tâches plus rapidement et efficacement.

Une Révolution Accessible À Tous

Contrairement à certaines innovations du passé, l'IA ne demande pas d'être un expert en informatique pour en profiter. Avec des outils simples et intuitifs, elle est désormais à la portée de tout le monde.

- **Les entrepreneurs** l'utilisent pour automatiser leur marketing, rédiger des textes et analyser des tendances.
- **Les étudiants** s'en servent pour apprendre plus efficacement grâce aux tuteurs virtuels et aux générateurs de résumés.
- **Les professionnels** optimisent leur travail en automatisant les tâches répétitives et en prenant de meilleures décisions grâce à l'analyse de données.
- **Les artistes et créateurs** explorent de nouvelles formes d'expression en générant des images, des musiques et des textes innovants.

La vraie question aujourd'hui n'est pas **"Dois-je utiliser l'IA ?"**, mais plutôt **"Comment puis-je l'utiliser au mieux pour améliorer ma vie et mon travail ?"**

Comment Tirer Parti De Ce Livre ?

Ce livre a été conçu pour t'aider à **comprendre, apprendre et appliquer** l'IA dans ta vie quotidienne et professionnelle. Il est structuré en **quatre parties**, chacune abordant un aspect clé de l'IA :

1. **L'IA dans la vie quotidienne** → Comment elle facilite les tâches du quotidien (domotique, communication, finances, voyages).
2. **L'IA et la productivité** → Comment l'utiliser pour travailler plus intelligemment (automatisation, créativité, éducation, entrepreneuriat).
3. **L'IA et la santé** → Son impact sur la médecine, la nutrition et le bien-être.
4. **Les défis et l'avenir de l'IA** → Les dangers, l'éthique et les perspectives d'avenir.

Comment utiliser ce livre ?

- **Lecture pratique** : Chaque chapitre contient des **exemples concrets**, des **cas pratiques** et des **exercices** pour t'entraîner à utiliser l'IA immédiatement.

- **Application directe** : À la fin de chaque chapitre, tu trouveras des outils recommandés et des actions concrètes à mettre en place.

- **Apprentissage progressif** : Que tu sois débutant ou déjà familier avec l'IA, tu pourras avancer à ton rythme et choisir les parties les plus pertinentes pour toi.

En appliquant les conseils et exercices de ce livre, tu découvriras que **l'IA n'est pas seulement un outil futuriste, mais un allié puissant pour améliorer ta vie dès aujourd'hui.**

Prêt à explorer tout ce que l'IA peut faire pour toi ? Commençons !

PARTIE 1 : L'IA AU SERVICE DU QUOTIDIEN

Objectif : Découvrir comment l'IA facilite la vie de tous les jours et apprendre à l'utiliser efficacement.

CHAPITRE 1 : L'IA COMME ASSISTANT PERSONNEL

L'intelligence artificielle est aujourd'hui un véritable **assistant personnel** capable de nous accompagner dans nos tâches quotidiennes. Que ce soit pour gérer notre emploi du temps, répondre à nos questions ou même organiser nos voyages, l'IA est devenue un allié incontournable.

Dans ce chapitre, nous allons explorer **trois façons concrètes** dont l'IA peut simplifier ta vie :

1. **Les assistants vocaux et chatbots**
2. **L'IA pour organiser son emploi du temps**
3. **Voyager et découvrir le monde grâce à l'IA**

Chaque section contiendra des **exemples concrets**, suivis d'un **exercice pratique** pour t'aider à intégrer ces outils dans ton quotidien.

1. Les Assistants Vocaux Et Chatbots : Un Compagnon Intelligent Au Quotidien

Les assistants vocaux et les chatbots sont parmi les outils d'IA les plus populaires. Ils utilisent le **traitement du langage naturel (NLP)** pour comprendre et répondre aux demandes des utilisateurs.

Exemples d'assistants IA :

- **Siri (Apple)** : Peut envoyer des messages, définir des rappels, chercher des informations, etc.
- **Alexa (Amazon)** : Contrôle la domotique, diffuse de la musique, fournit des informations météo.
- **Google Assistant** : Permet de faire des recherches, programmer des rendez-vous, et bien plus.

- **ChatGPT** : Un chatbot conversationnel avancé qui peut aider à rédiger des emails, trouver des idées, et même expliquer des concepts complexes.

Cas pratique : Comment utiliser ChatGPT pour gagner du temps ?

Imaginons que tu sois entrepreneur et que tu veuilles rédiger une **lettre professionnelle**. Tu peux simplement demander à ChatGPT :

"Rédige-moi un email professionnel pour proposer un partenariat à une entreprise."

Et en quelques secondes, tu obtiens un modèle de mail que tu peux personnaliser !

2. Organiser Son Emploi Du Temps Avec L'ia

L'une des forces de l'IA est d'aider à la **gestion du temps et des tâches**. De nombreuses applications basées sur l'IA permettent d'automatiser la planification et de rendre notre journée plus efficace.

Outils d'IA pour la gestion du temps :

- **Google Calendar avec IA** : Propose automatiquement des créneaux pour les réunions et envoie des rappels.
- **Notion AI** : Aide à organiser des tâches et à résumer des notes.
- **Todoist** : Utilise l'IA pour prioriser les tâches les plus urgentes.
- **Reclaim AI** : Analyse ton emploi du temps et optimise la répartition de tes tâches.

Cas pratique : Utiliser l'IA pour gérer sa semaine

Tu peux dire à Google Assistant :

"Ajoute un rappel pour ma réunion avec Paul vendredi à 14h."

Ou encore demander à Notion AI :

"Organise ma liste de tâches pour lundi en fonction de mes priorités."
L'IA prend alors en charge la planification et t'aide à mieux structurer ta semaine.

3. Voyager Et Découvrir Le Monde Grâce À L'ia

L'IA transforme aussi la manière dont nous voyageons. Grâce aux algorithmes intelligents, nous pouvons **trouver les meilleurs itinéraires, traduire instantanément des conversations, et découvrir des lieux cachés.**

Outils d'IA utiles pour les voyages :

- **Google Translate** : Traduit du texte et des conversations en temps réel.
- **Google Maps et Waze** : Fournissent des itinéraires optimisés en fonction du trafic.
- **Skyscanner et Hopper** : Analysent les prix des billets d'avion et prédisent les meilleurs moments pour réserver.
- **Booking et Airbnb avec IA** : Recommandent des logements personnalisés selon tes préférences.

Cas pratique : Planifier un voyage avec ChatGPT

Imaginons que tu veuilles organiser un voyage à Barcelone. Tu peux demander à ChatGPT :

"Peux-tu me préparer un itinéraire de 3 jours à Barcelone avec des visites, des restaurants et des conseils pratiques ?"

En quelques secondes, tu obtiens un plan détaillé, te faisant gagner un temps précieux !

Exercice : Configurer Un Assistant Ia Pour Gérer Une Semaine De Tâches

Objectif : Utiliser un assistant IA (Google Assistant, Siri ou

ChatGPT) pour optimiser ta semaine.

Étapes :

1. **Planifie tes rendez-vous** : Utilise Google Calendar ou To-doist pour ajouter tes événements importants.

2. **Automatise tes rappels** : Configure Siri ou Google Assistant pour t'envoyer des notifications sur les tâches importantes.

3. **Optimise ton emploi du temps** : Essaie Reclaim AI ou Notion AI pour voir comment mieux répartir ton temps.

4. **Teste ChatGPT pour planifier une activité** : Demande-lui de t'aider à organiser une journée bien remplie.

Résultat attendu :

À la fin de cet exercice, tu auras une **semaine bien organisée**, avec des rappels automatisés et une meilleure gestion de ton temps grâce à l'IA.

Conclusion

L'IA est **bien plus qu'un gadget** : elle peut véritablement **simplifier notre quotidien** en nous aidant à mieux gérer notre temps, nos tâches et même nos voyages. Grâce à des outils comme ChatGPT, Google Assistant et Notion AI, nous pouvons automatiser de nombreuses actions et gagner en productivité.

CHAPITRE 2 : L'IA ET LA MAISON INTELLIGENTE

L'intelligence artificielle transforme nos maisons en **espaces intelligents et connectés**, où confort, sécurité et efficacité énergétique sont optimisés. Grâce à l'IA, nous pouvons **automatiser des tâches, surveiller notre domicile à distance et réduire notre consommation énergétique**.

Dans ce chapitre, nous allons voir comment l'IA améliore notre quotidien à travers trois aspects essentiels :

1. **Domotique et automatisation**
2. **Sécurité et surveillance**
3. **Optimisation énergétique et confort**

Chaque section inclura des **exemples concrets**, suivis d'un **exercice pratique** pour mettre en place une maison intelligente avec l'IA.

1. Domotique Et Automatisation : La Maison Connectée

La **domotique**, ou maison intelligente, repose sur des appareils connectés capables d'interagir entre eux et d'apprendre de nos habitudes. Grâce à l'IA, ces appareils deviennent plus **autonomes et réactifs**, nous permettant de **contrôler notre maison à distance** et d'automatiser certaines actions.

Exemples d'appareils domotiques intelligents :

- **Enceintes connectées (Amazon Echo, Google Nest, Apple HomePod)** → Commandes vocales pour gérer la maison.
- **Éclairages intelligents (Philips Hue, LIFX)** → Ajustent l'intensité et la couleur selon les besoins.

- **Stores et volets automatiques** → S'ouvrent et se ferment en fonction de l'heure ou de la météo.
- **Électroménager connecté (réfrigérateurs, machines à café, aspirateurs robots)** → Fonctionnent de manière autonome.

Cas pratique : Contrôler son domicile à distance avec une IA

Tu peux utiliser une enceinte connectée pour contrôler différents équipements de ta maison. Par exemple :

1. **Avec Amazon Alexa ou Google Assistant :**
   - *"Alexa, allume les lumières du salon."*
   - *"Google, règle la température sur 22°C."*
2. **Avec une application mobile :**
   - Depuis ton smartphone, tu peux allumer ou éteindre les lumières, vérifier si tes portes sont fermées ou activer un mode "économie d'énergie" en un clic.

L'IA apprend aussi de tes habitudes. Par exemple, elle peut **détecter que tu te réveilles tous les jours à 7h** et ajuster automatiquement l'éclairage et la température à cette heure-là.

2. Sécurité Et Surveillance : Une Maison Plus Sûre Grâce À L'ia

L'IA joue un rôle clé dans l'amélioration de la **sécurité domestique**. Grâce aux **caméras intelligentes, alarmes connectées et capteurs de mouvement**, il est possible de **surveiller son domicile en temps réel et d'être alerté en cas de danger**.

Technologies de sécurité basées sur l'IA :

- **Caméras de surveillance intelligentes (Arlo, Nest Cam, Ring)** → Détectent les intrus et envoient des alertes en temps réel.

- **Serrures connectées (August, Yale, Nuki)** → Permettent d'ouvrir et fermer sa porte à distance.
- **Alarmes intelligentes (Somfy, SimpliSafe, Verisure)** → Analyser les bruits et distinguer un danger réel d'un bruit anodin.
- **Capteurs de mouvement et détecteurs de fumée connectés** → Envoient des notifications en cas d'intrusion ou d'incendie.

Cas pratique : Recevoir une alerte de sécurité IA en cas d'intrusion

Imaginons que tu sois en voyage. Si une **caméra Nest Cam** détecte un mouvement suspect devant ta porte :

1. **L'IA analyse la situation** → Elle distingue si c'est un livreur ou une personne inconnue.
2. **Tu reçois une alerte sur ton téléphone** avec une vidéo en direct.
3. **Tu peux réagir immédiatement** en déclenchant une alarme ou en contactant la police.

Les alarmes intelligentes évitent aussi les **fausses alertes** en reconnaissant les bruits de ton chien ou le passage d'un voisin.

---

3. Optimisation Énergétique Et Confort : Une Maison Plus Intelligente Et Économe

L'IA aide aussi à **réduire la consommation d'énergie**, en ajustant automatiquement le chauffage, l'éclairage et les appareils électriques en fonction des besoins réels.

Technologies pour optimiser l'énergie :

- **Thermostats intelligents (Nest, Ecobee, Tado)** → Régulent la température selon ta présence et la météo.
- **Prises connectées (TP-Link, Meross, Wemo)** → Coupent l'alimentation des appareils inutilisés.

- **Capteurs d'éclairage (Philips Hue, Lutron)** → Ajustent l'éclairage en fonction de la lumière naturelle.
- **Systèmes solaires intelligents (Tesla Powerwall, Sonnen, Enphase)** → Optimisent l'utilisation de l'énergie solaire.

Cas pratique : Réduire sa facture d'électricité avec un thermostat intelligent

Tu installes un **thermostat Nest** chez toi :

1. **L'IA apprend tes habitudes** → Elle détecte quand tu es chez toi et ajuste la température en conséquence.
2. **Elle adapte le chauffage à la météo** → S'il fait plus chaud que prévu, elle diminue automatiquement le chauffage.
3. **Tu économises de l'énergie** → Jusqu'à 20 % de réduction sur ta facture d'électricité !

L'IA te permet ainsi de profiter d'un **confort optimal sans gaspiller d'énergie**.

Exercice : Créer Une Routine Domotique Avec Une Ia

Objectif : Programmer une routine intelligente pour automatiser certaines tâches de ta maison.

Étapes :

1. **Choisir un assistant IA** : Utilise Google Assistant, Alexa ou Apple HomeKit.
2. **Définir une routine matinale** :
   - À 7h : Allumer les lumières et régler la température à 22°C.
   - À 7h10 : Lancer la machine à café.
   - À 7h30 : Lire les actualités du jour avec l'IA.
3. **Tester la routine** : Vérifier si tout fonctionne correctement et ajuster si nécessaire.

4. **Créer une routine "départ de la maison"** :
   - ◦ Éteindre les lumières, baisser le chauffage et activer l'alarme.

Résultat attendu :

Une maison qui s'adapte automatiquement à ton mode de vie, **gagne en confort et en efficacité énergétique**.

Conclusion

L'intelligence artificielle permet de transformer nos maisons en **espaces intelligents**, où **domotique, sécurité et gestion de l'énergie sont optimisés**. Grâce à des appareils connectés et des routines automatisées, nous pouvons **gagner en confort, en tranquillité et réduire nos dépenses énergétiques**.

CHAPITRE 3 : L'IA ET LA COMMUNICATION

L'intelligence artificielle révolutionne la communication en rendant la création de contenu plus rapide, la traduction instantanée et l'interaction sur les réseaux sociaux plus efficace. Grâce à l'IA, il est possible de **rédiger des articles, générer des posts, automatiser des emails et même modérer des discussions** sur les plateformes numériques.

1. **Traduction en temps réel et création de contenu**
2. **IA et réseaux sociaux (génération de posts, modération automatique)**
3. **L'IA pour la rédaction et l'emailing**

Chaque section inclura des **exemples concrets**, suivis d'un **exercice pratique** pour apprendre à optimiser ses emails professionnels avec l'IA.

1. Traduction En Temps Réel Et Création De Contenu

L'IA facilite la communication entre personnes de langues différentes grâce aux **outils de traduction instantanée** et aide à **produire du contenu de manière plus rapide et efficace**.

Outils d'IA pour la traduction et la création de contenu :

- **Google Traduction, DeepL, Microsoft Translator** → Traduction instantanée de textes et conversations.
- **ChatGPT, Jasper AI, Copy.ai** → Génération automatique d'articles, descriptions et contenus marketing.
- **Synthesia, Murf AI** → Création de vidéos et voix off à partir de textes.

Cas pratique : Traduire un document instantanément avec

DeepL

1. Ouvre DeepL et colle un texte en français.
2. Sélectionne la langue cible (anglais, espagnol, allemand, etc.).
3. Observe la traduction fluide et naturelle générée en quelques secondes.

Cette technologie est utile pour **les voyageurs, les étudiants et les professionnels** travaillant avec des documents multilingues.

2. Ia Et Réseaux Sociaux : Génération De Posts Et Modération Automatique

L'IA permet aux **entreprises, créateurs de contenu et influenceurs** d'optimiser leur présence sur les réseaux sociaux grâce à des outils automatisés pour **rédiger des posts, analyser les tendances et modérer les commentaires**.

Outils d'IA pour les réseaux sociaux :

- **ChatGPT, Jasper AI** → Rédaction de publications engageantes.
- **Canva AI, Runway ML** → Création d'images et vidéos générées par IA.
- **Hootsuite, Buffer AI** → Programmation et analyse des posts.
- **Modération IA (Meta AI, OpenAI Moderation API)** → Détection de contenus inappropriés.

Cas pratique : Générer un post Instagram engageant avec l'IA

1. **Choisis un sujet** (ex. : "Comment rester productif en télétravail ?").
2. **Utilise ChatGPT** pour générer une légende engageante :
   - *"Travailler depuis chez soi peut être un défi ! Voici 3 astuces pour rester motivé et concentré. #Télé-*

travail #Productivité"

3. **Ajoute une image IA avec Canva AI** et publie ton post.

Grâce à ces outils, il est possible de **gagner du temps** tout en produisant du contenu **pertinent et engageant**.

3. L'ia Pour La Rédaction Et L'emailing

L'IA est un **assistant puissant pour la rédaction**, aidant à structurer des textes, reformuler des phrases et optimiser les emails professionnels.

Outils d'IA pour la rédaction et l'emailing :

- **Grammarly, LanguageTool** → Correction et amélioration du style.
- **ChatGPT, Rytr, Jasper AI** → Génération d'articles et d'emails.
- **Hemingway Editor** → Simplification et clarté des textes.
- **Flowrite, Smart Compose (Gmail)** → Rédaction automatique d'emails.

Cas pratique : Rédiger un article de blog avec ChatGPT

1. **Choisis un sujet** (ex. : "Les bienfaits de l'intelligence artificielle au quotidien").
2. **Demande à ChatGPT un plan détaillé** :
    - Introduction
    - L'IA dans la maison
    - L'IA pour la productivité
    - Conclusion
3. **Génère et peaufine le texte** pour un article fluide et informatif.

Cette méthode permet de **rédiger un article en quelques minutes**, tout en conservant un style naturel et professionnel.

Exercice : Utiliser Une Ia Pour Optimiser Ses Emails Professionnels

Objectif : Améliorer un email grâce à une IA de rédaction.
Étapes :

1. **Écris un email classique** :
   - Objet : *Demande de rendez-vous pour une collaboration*
   - Contenu :

   Bonjour [Nom],
   Je souhaiterais échanger avec vous à propos d'une opportunité de collaboration. Seriez-vous disponible cette semaine ?
   Cordialement,
   [Votre Nom]

2. **Utilise ChatGPT ou Grammarly** pour améliorer l'email :
   - Objet : *Opportunité de collaboration – Prochaine rencontre ?*
   - Contenu optimisé :

   Bonjour [Nom],
   J'espère que vous allez bien. Je me permets de vous contacter pour discuter d'une collaboration qui pourrait être bénéfique pour nous deux. Auriez-vous un créneau cette semaine pour en parler ?
   Au plaisir d'échanger avec vous.
   Cordialement,
   [Votre Nom]

3. **Compare les deux versions** et note les améliorations en termes de clarté et d'impact.

Résultat attendu :
Un **email plus professionnel, clair et engageant**, augmentent les chances de réponse positive.

Conclusion

L'intelligence artificielle est un **véritable allié dans la communication**, facilitant la traduction, la création de contenu et l'optimisation des interactions sur les réseaux sociaux et par email.

Grâce aux outils d'IA, il est possible de **gagner du temps, améliorer la qualité des messages et maximiser l'impact des communications**.

CHAPITRE 4 : L'IA ET LA FINANCE PERSONNELLE

L'intelligence artificielle transforme la gestion des finances personnelles en rendant le suivi des dépenses, l'investissement et la sécurité des transactions **plus simples, plus efficaces et plus accessibles.**

Dans ce chapitre, nous verrons comment **l'IA peut vous aider à mieux gérer votre argent** à travers trois aspects clés :

1. **Gérer son budget avec l'IA (suivi des dépenses, prévisions financières)**
2. **Investir intelligemment grâce à l'IA (robots-conseillers, analyses prédictives)**
3. **Sécuriser ses transactions avec l'IA**

Chaque section inclura **des exemples concrets**, suivis d'un **exercice pratique** pour apprendre à configurer un assistant IA afin de suivre ses finances.

1. Gérer Son Budget Avec L'ia : Suivi Des Dépenses Et Prévisions Financières

Grâce à l'IA, il est aujourd'hui possible de **suivre automatiquement ses finances, prévoir ses dépenses et optimiser son budget sans effort**.

Outils d'IA pour la gestion budgétaire :

- **Bankin', YNAB, Mint** → Suivi des dépenses et budgets automatisés.
- **Plum, Cleo, Emma AI** → Conseils financiers basés sur l'IA.
- **Google Sheets avec scripts IA** → Prévisions personnalisées sur Excel/Google Sheets.

Cas pratique : Utiliser Bankin' pour suivre ses finances

1. **Connectez vos comptes bancaires** à l'application.
2. **Analysez les catégories de dépenses** (loyer, courses, loisirs, etc.).
3. **Recevez des recommandations IA** pour économiser et anticiper vos paiements futurs.

Ces outils permettent de **visualiser clairement ses finances**, d'**éviter les découverts** et de **mieux planifier ses dépenses**.

2. Investir Intelligemment Grâce À L'ia

L'intelligence artificielle révolutionne l'investissement en offrant des outils de **gestion automatisée et d'analyse prédictive**.

Outils d'IA pour l'investissement :

- **Robots-conseillers (Wealthfront, Betterment, Yomoni, Nalo)** → Investissement automatisé selon votre profil.
- **IA d'analyse de marché (Trade Ideas, Kavout, Zignaly)** → Détection d'opportunités d'investissement.
- **Plateformes de trading algorithmique (eToro, Binance AI, Robinhood AI)** → Stratégies automatisées.

Cas pratique : Simuler un investissement avec une IA

1. **Utilisez un robot-conseiller** comme Yomoni ou Betterment.
2. **Définissez votre profil d'investisseur** (prudent, équilibré, dynamique).
3. **Observez comment l'IA répartit vos fonds** pour optimiser votre rendement.

Les robots-conseillers permettent d'**investir intelligemment sans expertise**, tout en minimisant les risques.

3. Sécuriser Ses Transactions Avec L'ia

L'IA joue un rôle crucial dans la **détection des fraudes et la sécurisation des paiements.**

Outils d'IA pour la sécurité financière :

- **Systèmes anti-fraude bancaire (Mastercard AI, Visa Advanced Authorization)** → Détection de transactions suspectes.

- **Authentification biométrique (reconnaissance faciale, empreintes digitales)** → Sécurisation des paiements.

- **Algorithmes de détection de phishing (Google Safe Browsing, Microsoft Defender AI)** → Protection contre les arnaques.

Cas pratique : Activer la protection IA sur ses paiements en ligne

1. **Activez l'authentification à deux facteurs (2FA)** sur votre banque en ligne.

2. **Utilisez un gestionnaire de mots de passe IA (Dashlane, LastPass)** pour éviter le piratage.

3. **Surveillez vos transactions avec les alertes IA de votre banque.**

Ces solutions renforcent **la sécurité de vos finances** et préviennent **les risques de cyberattaques.**

Exercice : Configurer Un Assistant Ia Pour Suivre Ses Finances

Objectif : Mettre en place un suivi financier automatisé.

Étapes :

1. **Téléchargez une application IA de gestion budgétaire** (ex. : Bankin', YNAB, Mint).

2. **Connectez vos comptes bancaires** pour centraliser vos finances.

3. **Créez des catégories de dépenses** et analysez où va votre

argent.

4. **Fixez un objectif d'épargne** et laissez l'IA vous proposer des recommandations.

Résultat attendu :

Une **vision claire et automatisée** de vos finances, permettant d'**optimiser votre budget et d'économiser efficacement.**

Conclusion

L'intelligence artificielle **facilite la gestion des finances person-nelles**, que ce soit pour **suivre ses dépenses, investir intelligem-ment ou sécuriser ses transactions.**

Avec les bons outils IA, il est possible de **mieux gérer son argent, prévoir l'avenir et optimiser ses choix financiers.**

PARTIE 2 : L'IA COMME OUTIL DE TRAVAIL ET DE PRODUCTIVITÉ

Objectif : Apprendre à utiliser l'IA pour gagner du temps et améliorer son travail.

CHAPITRE 5 : AUTOMATISER SON TRAVAIL AVEC L'IA

L'intelligence artificielle est en train de transformer le monde du travail en permettant **d'automatiser des tâches répétitives**, d'**optimiser les processus** et d'**augmenter la productivité**. Ce chapitre explore comment utiliser l'IA pour automatiser une grande variété de tâches professionnelles, qu'il s'agisse de **générer des documents**, de **gérer des projets**, ou de **créer des workflows automatisés**.

1. Outils D'automatisation Avec L'ia : Zapier, Make, Autogpt

Zapier :

Zapier est une plateforme d'automatisation qui permet de connecter différents outils et applications sans avoir à écrire une ligne de code. Il permet de créer des **"Zaps"**, qui sont des workflows automatisés entre deux applications.

- **Exemples :**
    - **Envoyer un email** automatique lorsqu'un formulaire est rempli sur Google Forms.
    - **Ajouter un événement** dans Google Calendar dès qu'un nouveau ticket est créé dans un système de gestion de projet comme Trello.

Make (anciennement Integromat) :

Make permet de créer des **scénarios d'automatisation** plus complexes en connectant un grand nombre d'applications, avec une interface visuelle et des options avancées pour les utilisateurs expérimentés.

- **Exemples :**

- ◦ **Synchroniser des données** entre Google Sheets, Slack, et Dropbox.
- ◦ **Automatiser des processus de facturation** en générant et envoyant des factures automatiquement après la réception d'un paiement.

AutoGPT :

AutoGPT utilise l'**intelligence artificielle pour effectuer des tâches plus complexes** que de simples automatisations de processus. Il peut comprendre des instructions et générer des actions intelligentes sur la base de ces instructions, comme la rédaction de rapports, l'organisation de tâches ou l'optimisation de workflows.

- **Exemples :**
  - ◦ **Rédiger un rapport** de performance à partir de données brutes dans un fichier Excel.
  - ◦ **Générer un plan de projet** détaillé en fonction des critères fournis par l'utilisateur.

2. Génération Automatique De Documents Et Rapports

L'un des usages les plus populaires de l'IA dans le monde professionnel est la **génération de documents**. Des outils d'IA comme **ChatGPT** ou **Jasper** peuvent être utilisés pour rédiger des **rapports**, des **emails**, des **propositions commerciales**, des **articles de blog** ou tout autre type de contenu. L'IA simplifie le processus, permet de gagner un temps précieux et augmente la productivité.

Exemples d'automatisation de documents :

- **Créer un rapport de réunion automatisé** en utilisant une IA qui transforme les notes prises pendant la réunion en un rapport structuré.
- **Rédiger un contrat personnalisé** en fonction des informations spécifiques que vous entrez dans un formulaire.
- **Générer des propositions commerciales** en fonction des

besoins du client, avec des informations extraites d'une base de données.

Cas pratique : Générer un rapport avec l'IA :

1. **Préparez les informations nécessaires** (données d'analyse, points principaux de la réunion, etc.).
2. **Utilisez un assistant IA** comme ChatGPT pour rédiger un rapport structuré en quelques minutes.
3. **Personnalisez le rapport** en ajoutant des éléments spécifiques ou des annotations avant de l'envoyer.

3. L'ia Dans La Gestion De Projet

Les outils d'IA peuvent également être utilisés pour **améliorer la gestion de projet** en automatisant les tâches, en suivant les progrès et en optimisant la collaboration entre les équipes.

Outils d'IA pour la gestion de projet :

- **Asana, Trello, Monday.com avec IA intégrée** : Ces plateformes offrent des **fonctionnalités automatisées**, comme l'affectation automatique de tâches ou l'envoi de rappels basés sur l'échéance.
- **ClickUp et Smartsheet** : Ces outils permettent d'**organiser les flux de travail et de suivre les performances** des équipes, avec des options d'automatisation poussées.
- **Forecast, Wrike** : Ces outils utilisent l'IA pour prévoir les **délai de projets, prioriser les tâches** et **affecter les ressources** de manière optimale.

Exemples d'automatisation de gestion de projet :

- **Assignation automatique des tâches** en fonction des compétences et de la charge de travail de chaque membre de l'équipe.
- **Création d'un calendrier de projet** et gestion des **dates d'échéance automatisées** en fonction des objectifs du projet.

Cas pratique : Créer un workflow automatisé avec Zapier :

1. **Créez un Zap** pour connecter votre outil de gestion de projet (Trello, Asana, etc.) à votre calendrier (Google Calendar).

2. **Configurez des notifications automatiques** pour que chaque membre de l'équipe soit informé des tâches à venir.

3. **Utilisez une automatisation** pour générer un résumé hebdomadaire des progrès du projet.

Exercice : Automatiser Une Tâche Administrative Avec L'ia

Objectif : **Automatiser une tâche administrative récurrente.**

Étapes :

1. **Identifiez une tâche administrative répétitive** dans votre quotidien (par exemple, la gestion des emails, la planification des rendez-vous, le suivi des dépenses, etc.).

2. **Choisissez un outil d'automatisation IA** (Zapier, Make, AutoGPT).

3. **Créez un workflow** qui automatise cette tâche (par exemple, créer un Zap pour organiser automatiquement vos emails dans des dossiers spécifiques).

4. **Testez le processus** et observez comment l'outil d'IA effectue la tâche de manière autonome.

Résultat attendu :

Une **tâche administrative qui se réalise automatiquement**, permettant de **gagner du temps** et de **réduire les erreurs humaines**.

Conclusion

L'automatisation grâce à l'IA permet de **réduire les tâches répétitives** et d'**augmenter l'efficacité** dans tous les domaines professionnels. Que ce soit pour la gestion des tâches administratives, la **création de documents** ou la **gestion de projets**, les outils d'IA offrent des solutions puissantes qui permettent de **gagner du temps et de se concentrer sur des tâches à plus forte valeur ajoutée**.

CHAPITRE 6 : L'IA ET LA CRÉATIVITÉ

L'intelligence artificielle a radicalement changé la manière dont nous abordons la **créativité**. Que ce soit pour **produire des images**, **composer de la musique**, **écrire des livres** ou même **créer des vidéos**, l'IA permet à chacun de donner vie à ses idées de manière plus rapide et plus accessible. Ce chapitre explore comment l'IA peut être utilisée pour **libérer le potentiel créatif** des individus, en s'appuyant sur des outils puissants qui rendent la création plus fluide et moins contraignante.

1. Créer Des Images Et Vidéos Avec L'ia (Dall·e, Runway, Midjourney)

L'IA permet aujourd'hui de **générer des images** à partir de simples descriptions textuelles. Grâce à des outils comme **DALL·E**, **MidJourney** ou **Runway**, il est désormais possible de créer des **illustrations**, des **designs graphiques**, des **couvertures de livres** ou même des **œuvres d'art** en quelques clics. Ces outils utilisent des **algorithmes avancés de génération d'images** pour transformer des mots en visuels.

Outils pour créer des images :

- **DALL·E** : Un générateur d'images à partir de texte développé par OpenAI. Il permet de créer des illustrations et des images réalistes ou surréalistes simplement en entrant une description textuelle.

- **MidJourney** : Un autre outil qui permet de générer des visuels époustouflants avec des mots-clés. Il est particulièrement apprécié pour sa capacité à créer des œuvres artistiques uniques.

- **Runway** : Un outil de création visuelle et vidéo qui utilise l'IA pour éditer des vidéos, générer des images et manipuler des éléments visuels de manière intuitive.

Exemples d'utilisation :

- **Créer une couverture de livre** avec DALL·E, en entrant une description du genre, du thème, et du ton du livre.
- **Générer des visuels pour un site web** ou un **post de réseaux sociaux**, en fonction d'une palette de couleurs et d'un style graphique.
- **Créer une vidéo de présentation** en générant des images et des animations à partir d'un texte ou d'un storyboard.

2. Compositeur De Musique Et Du Son Avec L'ia

L'IA est également utilisée dans la **composition musicale** et la création de **bandes sonores**. Des outils comme **AIVA**, **Amper Music** et **JukeBox** permettent de générer de la musique en fonction des goûts, du genre ou de l'émotion souhaitée, sans avoir besoin de compétences techniques en musique. Ces outils sont capables de créer des morceaux de musique complets, de **composer des partitions**, et même de **mixer des sons**.

Outils pour composer de la musique :

- **AIVA (Artificial Intelligence Virtual Artist)** : Un outil de création musicale alimenté par l'IA, qui permet de créer de la musique de film, de la musique classique, ou des morceaux pour n'importe quel genre.
- **Amper Music** : Un logiciel d'IA qui permet de composer de la musique en sélectionnant des genres, des instruments et des ambiances. L'outil génère automatiquement des morceaux.
- **JukeBox** : Développé par OpenAI, il génère des morceaux de musique dans divers styles, en analysant des musiques existantes pour en reproduire le style.

Exemples d'utilisation :

- **Composer un morceau de musique** pour accompagner

une vidéo promotionnelle, simplement en spécifiant le genre, le rythme et l'ambiance.

- **Créer une mélodie personnalisée** pour un projet créatif, qu'il s'agisse d'un jeu vidéo, d'une publicité, ou d'un événement.
- **Générer une musique de fond** pour un podcast ou une présentation.

3. Écrire Un Livre Ou Un Scénario Avec L'ia

Les outils d'écriture alimentés par l'IA ont fait des progrès impressionnants, permettant aux créateurs de **rédiger des livres**, des **scénarios**, ou des **articles** de manière plus rapide et plus fluide. Des plateformes comme **ChatGPT**, **Sudowrite**, ou **Rytr** peuvent générer des **idées d'histoire**, **propositions de dialogue**, ou même des **chapitres entiers** en fonction des indications données par l'utilisateur.

Outils pour l'écriture créative :

- **ChatGPT** : Un modèle de langage qui permet de **rédiger du texte** (chapitres de livre, dialogues, descriptions) sur n'importe quel sujet, en s'adaptant au ton et au style choisis.
- **Sudowrite** : Un assistant d'écriture qui aide à **améliorer** et **accélérer** le processus de création de contenu, notamment pour les écrivains de fiction.
- **Rytr** : Un générateur de contenu AI qui aide à rédiger des articles, des histoires ou des livres sur la base de mots-clés et de préférences d'écriture.

Exemples d'utilisation :

- **Rédiger un chapitre d'un livre** : Utiliser un outil d'IA pour générer un chapitre d'histoire à partir d'une idée de départ (ex. : un héros qui doit sauver un village d'une catastrophe).

- **Créer un scénario pour un film ou une série** : Utiliser l'IA pour générer des dialogues, des descriptions de scènes et des développements d'intrigue.

Exemples pratiques :

Exemple 1 : Générer une couverture de livre avec une IA

1. **Choisir un thème** pour le livre (ex. : science-fiction, romance, aventure).

2. **Utiliser DALL·E** pour générer une couverture en fournissant une description détaillée de l'ambiance, des personnages ou des éléments clés de l'histoire.

3. **Personnaliser l'image** obtenue avec un logiciel de design (comme Canva ou Photoshop) pour y ajouter des titres et des informations supplémentaires.

Exemple 2 : Utiliser une IA pour rédiger un chapitre d'un livre

1. **Choisir un genre d'histoire** (ex. : thriller, fantasy, comédie).

2. **Décrire brièvement l'intrigue** et les personnages principaux à l'IA.

3. **Lancer l'IA** pour générer un premier jet de chapitre, en ajustant le ton et la structure selon les préférences.

Exercice : Utiliser Une Ia Pour Rédiger Un Chapitre D'un Livre

Objectif : Créer un premier jet d'un chapitre d'un livre en utilisant une IA.

Étapes :

1. **Choisir un genre de livre** (science-fiction, fantasy, etc.) et une idée de départ (ex. : un détective qui enquête sur une affaire mystérieuse).

2. **Utiliser un outil comme ChatGPT** ou **Sudowrite** pour générer un chapitre en entrant une brève description de l'intrigue.

3. **Lisez le texte généré**, puis apportez des ajustements ou des ajouts pour personnaliser le contenu et le rendre unique.

4. **Réutilisez l'IA** pour développer d'autres chapitres ou même pour affiner le dialogue et la narration.

Conclusion

L'intelligence artificielle ouvre des possibilités infinies pour **amplifier la créativité** et donner vie à des idées d'une manière rapide, accessible et innovante. Que vous soyez artiste, compositeur, écrivain ou créateur multimédia, l'IA permet de **libérer votre potentiel créatif** en simplifiant le processus de création et en vous offrant de nouveaux outils pour explorer des horizons artistiques. Dans le prochain chapitre, nous explorerons **l'impact de l'IA sur la productivité personnelle** et comment utiliser ces outils pour maximiser l'efficacité dans vos projets créatifs.

CHAPITRE 7 : L'IA ET L'ÉDUCATION

L'intelligence artificielle transforme profondément le domaine de l'éducation, offrant de nouvelles opportunités pour **personnaliser l'apprentissage**, **créer des formations** et servir de **professeur virtuel**. L'IA permet aux étudiants d'apprendre à leur propre rythme, d'adapter les contenus pédagogiques à leurs besoins individuels et d'améliorer l'efficacité des processus éducatifs. Ce chapitre explore comment l'IA peut être utilisée pour réinventer l'éducation et rendre l'apprentissage plus accessible, engageant et adapté à chaque étudiant.

1. L'apprentissage Personnalisé Avec L'ia

L'un des plus grands avantages de l'IA dans l'éducation est sa capacité à offrir un **apprentissage personnalisé**. Grâce à des systèmes d'IA intelligents, les étudiants peuvent recevoir des contenus adaptés à leurs **forces**, **faiblesses** et **préférences d'apprentissage**. Les **plateformes d'apprentissage adaptatif** utilisent l'IA pour analyser les progrès des étudiants, détecter les lacunes dans leur compréhension et ajuster les leçons en conséquence. Cela permet une **approche individualisée** qui maximise les chances de réussite pour chaque apprenant.

Exemples d'outils pour l'apprentissage personnalisé :

- **Duolingo** : Une application d'apprentissage des langues qui utilise l'IA pour ajuster les leçons en fonction du niveau et des erreurs de l'utilisateur.
- **Khan Academy** : Une plateforme éducative qui s'appuie sur l'IA pour personnaliser les exercices en fonction des performances des étudiants.
- **Socratic** : Un outil alimenté par l'IA qui aide les étudiants à résoudre des problèmes mathématiques ou scienti-

fiques en fournissant des explications détaillées et des conseils.

Exemples d'application :

- **Apprendre une nouvelle langue avec Duolingo**, qui adapte les leçons en fonction de la progression de l'apprenant.
- **Utiliser Khan Academy** pour suivre un programme de mathématiques personnalisé, en ajustant les exercices selon les résultats des tests de l'élève.

2. Créer Des Cours Et Formations Avec L'ia

Les enseignants et formateurs peuvent également tirer parti de l'IA pour **concevoir des cours** plus interactifs et plus efficaces. L'IA aide à **générer du contenu pédagogique**, **créer des supports de cours** adaptés à différents niveaux d'apprentissage, et même à **automatiser certaines tâches pédagogiques**. Des outils comme **GPT-3**, **Lumen5** et **Articulate** permettent de créer des formations en ligne, des vidéos pédagogiques et des modules interactifs sans nécessiter de compétences techniques avancées.

Exemples d'outils pour créer des cours :

- **GPT-3** : Un modèle de langage qui permet de générer du contenu pour des cours et des exercices éducatifs, que ce soit pour des **exemples de problèmes** ou des **explications détaillées**.
- **Lumen5** : Un outil qui permet de transformer du texte en vidéos pédagogiques, utilisant l'IA pour créer des vidéos attrayantes et informatives à partir de scripts.
- **Articulate** : Un logiciel qui aide à concevoir des formations interactives, en incluant des éléments d'IA pour personnaliser le contenu en fonction des performances des apprenants.

Exemples d'application :

- **Créer un cours en ligne** sur un sujet particulier (comme la biologie ou la gestion du temps) en utilisant GPT-3 pour générer des contenus textuels, des tests et des ressources supplémentaires.

- **Utiliser Lumen5 pour créer des vidéos éducatives** expliquant des concepts complexes, comme les lois de la physique ou les bases de la programmation.

3. L'ia Comme Professeur Et Tuteur Personnel

L'intelligence artificielle peut agir comme un **professeur virtuel** ou un **tuteur personnel**, offrant un enseignement 24h/24 et 7j/7. Ces systèmes peuvent répondre aux questions des étudiants, fournir des explications détaillées et même offrir des séances de révision basées sur les progrès individuels. L'IA est particulièrement utile pour les **étudiants ayant des besoins spécifiques** ou ceux qui souhaitent apprendre en dehors du cadre scolaire traditionnel. Elle peut également servir d'**outil de révision personnalisé**, en s'adaptant aux faiblesses des étudiants.

Exemples d'outils de tuteur personnel :

- **ChatGPT** : Un assistant virtuel qui peut répondre à des questions, expliquer des concepts complexes et aider à résoudre des exercices en temps réel.

- **Quizlet** : Un outil d'étude basé sur l'IA qui aide à créer des cartes de révision et des quiz interactifs adaptés aux progrès de l'étudiant.

- **Coursera** et **edX** : Ces plateformes d'apprentissage en ligne utilisent l'IA pour proposer des cours et des exercices personnalisés, en ajustant les difficultés selon les performances de l'apprenant.

Exemples d'application :

- **Utiliser ChatGPT comme tuteur personnel** pour apprendre un sujet difficile (ex. : les mathématiques avancées ou la chimie organique) en posant des questions et en demandant des explications détaillées.

- **Suivre une formation sur Coursera** qui adapte le contenu et les évaluations en fonction de votre performance dans les modules précédents.

Exemples pratiques :

Exemple 1 : Utiliser ChatGPT pour apprendre une nouvelle langue

1. **Choisir une langue** que vous souhaitez apprendre (ex. : espagnol, allemand, japonais).

2. **Utiliser ChatGPT** pour pratiquer des conversations, poser des questions sur des règles grammaticales, ou demander des traductions.

3. **Obtenez des explications détaillées** sur les aspects linguistiques qui vous posent problème, comme la conjugaison ou les idiomes.

Exemple 2 : Créer un quiz éducatif avec une IA

1. **Choisir un sujet** pour le quiz (ex. : histoire, géographie, biologie).

2. **Utiliser un générateur de quiz AI** (comme Quizlet ou GPT-3) pour créer des questions à choix multiples ou des questions ouvertes adaptées à votre niveau de connaissances.

3. **Tester votre compréhension** du sujet en répondant au quiz généré par l'IA.

Exercice : Créer Un Quiz Éducatif Avec Une Ia

Objectif : Créer un quiz interactif pour tester vos connais-

sances sur un sujet spécifique.

Étapes :

1. **Choisir un sujet éducatif** (ex. : les grands événements historiques, les règles de grammaire d'une langue étrangère).

2. **Utiliser ChatGPT** ou un générateur de quiz AI pour créer des questions adaptées à votre niveau.

3. **Réaliser le quiz** en répondant aux questions générées et en recevant des explications sur vos erreurs.

4. **Reprendre le quiz plusieurs fois,** pour tester votre progression et mémoriser les points faibles.

Conclusion

L'IA offre des possibilités infinies pour transformer l'éducation en rendant l'apprentissage plus **personnalisé, accessible** et **efficace.** Que vous soyez étudiant, enseignant ou créateur de contenu éducatif, l'IA vous permet de surmonter des obstacles traditionnels, d'apprendre à votre propre rythme et de créer des formations innovantes. Dans le prochain chapitre, nous explorerons comment l'IA peut être utilisée pour **améliorer la productivité** dans le domaine du travail et des affaires.

CHAPITRE 8 : L'IA ET LE RECRUTE-MENT / ENTREPRENEURIAT

L'intelligence artificielle transforme radicalement les domaines du **recrutement** et de l'**entrepreneuriat**. Du **processus de recrutement** à **lancer une startup**, l'IA offre des outils puissants pour **optimiser la recherche d'emploi, améliorer les candidatures, créer et gérer des entreprises**, et même **automatiser des tâches marketing et clients**. Ce chapitre explore comment l'IA peut être utilisée à la fois pour **réussir dans le monde du travail** et pour **lancer et développer son entreprise**.

1. Utiliser L'ia Pour Améliorer Son Cv Et Sa Candidature

Dans un monde où la concurrence pour chaque poste est accrue, l'IA peut être un atout précieux pour rendre votre candidature plus visible et plus attrayante. **Les plateformes alimentées par l'IA** permettent de créer des **CV optimisés**, adaptés aux **algorithmes de recrutement** des entreprises. Ces outils permettent également de personnaliser les lettres de motivation et de rendre votre candidature plus ciblée en fonction de l'offre d'emploi. L'IA peut analyser les mots-clés, les compétences recherchées et s'assurer que votre profil se démarque.

Exemples d'outils pour améliorer son CV :

- **Rezi** : Un générateur de CV alimenté par l'IA qui aide à créer des CV optimisés pour les systèmes de suivi des candidatures (ATS).
- **Jobscan** : Une plateforme qui compare votre CV avec une offre d'emploi et vous donne des conseils pour l'améliorer en fonction des mots-clés spécifiques.
- **Zety** : Un outil qui utilise l'IA pour générer des lettres de

motivation et des CV qui augmentent vos chances d'être remarqué.

Exemples d'application :

- **Optimiser son CV avec Rezi**, en ajustant le contenu pour répondre aux exigences des recruteurs.
- **Utiliser Jobscan pour analyser une offre d'emploi** et ajuster son CV en fonction des compétences clés demandées par l'employeur.

2. Créer Une Entreprise Avec L'aide De L'ia

L'intelligence artificielle n'est pas seulement utile pour les chercheurs d'emploi, mais aussi pour les **entrepreneurs** et les **startups**. L'IA peut faciliter les **tâches de gestion** quotidiennes, **l'analyse de marché**, **l'identification des tendances** et **la gestion des opérations**. De plus, elle permet de **tester des idées commerciales**, de **générer des business plans** et de créer des produits ou services basés sur l'IA. Les outils d'IA comme **GPT-3**, **Canva AI**, et **Shopify** peuvent aussi automatiser des processus marketing, fournir des **analyses de données** et même aider à **identifier les opportunités de marché**.

Exemples d'outils pour créer une entreprise avec l'IA :

- **ChatGPT** : Utiliser l'IA pour rédiger des **business plans**, des propositions de projet, des stratégies marketing et même pour générer des idées innovantes pour de nouveaux produits.
- **Shopify** : Une plateforme de création de sites de e-commerce qui intègre l'IA pour aider à personnaliser les sites, recommander des produits et optimiser la gestion des stocks.
- **Canva AI** : Un outil de design qui utilise l'IA pour créer des visuels professionnels pour les sites web, les publicités et les réseaux sociaux.

Exemples d'application :

- **Utiliser ChatGPT pour rédiger un business plan** adapté à un modèle commercial spécifique (par exemple, un site de commerce en ligne ou une application mobile).
- **Créer un site de e-commerce sur Shopify**, en utilisant l'IA pour personnaliser les produits et optimiser les stratégies de vente.

3. L'ia Dans Le Marketing Et La Gestion Client

L'IA transforme également le **marketing** et la **gestion de la relation client** (CRM). Grâce à des outils d'IA, les entreprises peuvent **automatiser leurs campagnes marketing, analyser les comportements d'achat**, et même **prédire les besoins des clients**. L'IA permet de cibler les bonnes personnes au bon moment, d'améliorer l'efficacité des publicités et de personnaliser l'expérience client. Des outils comme **HubSpot AI**, **Mailchimp**, et **Hootsuite** facilitent ces processus.

Exemples d'outils de marketing et de gestion client :

- **Mailchimp** : Une plateforme qui utilise l'IA pour créer des campagnes d'email marketing personnalisées et automatisées, en fonction des comportements des utilisateurs.
- **HubSpot AI** : Un CRM intelligent qui permet d'automatiser les emails, d'analyser les données des prospects et de fournir des recommandations sur les actions à entreprendre.
- **Hootsuite** : Un outil de gestion des réseaux sociaux qui utilise l'IA pour analyser les performances des publications et optimiser les stratégies de contenu.

Exemples d'application :

- **Automatiser un plan marketing** avec Mailchimp, en créant des campagnes personnalisées basées sur le comportement d'achat des clients.

- **Utiliser HubSpot pour suivre les interactions clients** et améliorer les conversions en automatisant les emails de suivi.

Exemples pratiques :

Exemple 1 : Automatiser un plan marketing avec une IA

1. **Choisir un produit ou service** à promouvoir (ex. : une application mobile, un produit e-commerce).
2. **Utiliser Mailchimp ou HubSpot** pour automatiser l'envoi de courriels personnalisés en fonction des actions des utilisateurs (ex. : panier abandonné, promotions spéciales).
3. **Analyser les résultats** de la campagne à l'aide des outils d'IA pour ajuster la stratégie marketing et maximiser les ventes.

Exemple 2 : Simuler un entretien d'embauche avec une IA

1. **Utiliser un simulateur d'entretien d'embauche AI** (comme **InterviewCoach**) pour vous entraîner à répondre à des questions d'entretien.
2. **Recevoir des retours instantanés** sur vos réponses, votre langage corporel (si la vidéo est activée) et la qualité de vos réponses.
3. **Améliorer vos performances** en répétant l'exercice et en suivant les conseils personnalisés donnés par l'IA.

Exercice : Simuler Un Entretien D'embauche Avec Une Ia

Objectif : Se préparer à un entretien d'embauche en simulant des questions avec une IA.

Étapes :

1. **Choisir un poste pour l'entretien** (ex. : responsable marketing, développeur web, chef de projet).

2. **Utiliser une IA** (comme InterviewCoach ou ChatGPT) pour simuler un entretien, en posant des questions courantes comme "Parlez-moi de vous" ou "Pourquoi voulez-vous travailler ici ?".

3. **Analyser les réponses fournies par l'IA** et ajuster votre discours en fonction des conseils fournis par le simulateur.

4. **Répéter l'exercice** pour améliorer vos réponses et votre niveau de confiance avant le véritable entretien.

Conclusion

L'intelligence artificielle est un **outil incontournable** pour les **chercheurs d'emploi**, les **entrepreneurs** et les **marketeurs** d'aujourd'hui. Elle facilite non seulement la recherche d'emploi, mais également la création et la gestion d'entreprises, tout en optimisant les processus de marketing et de gestion des clients. Grâce à l'IA, il est désormais plus facile de créer des CV percutants, de **lancer une startup** avec une gestion optimisée, et de **réussir dans le monde des affaires**. Dans le prochain chapitre, nous explorerons les **impacts de l'IA sur la santé**, un domaine qui est en pleine révolution grâce aux avancées technologiques.

PARTIE 3 : L'IA DANS LA SANTÉ ET LE BIEN-ÊTRE

Objectif : Comprendre comment l'IA améliore notre santé et notre qualité de vie.

CHAPITRE 9 : L'IA EN MÉDECINE ET DIAGNOSTIC

L'intelligence artificielle (IA) a transformé de nombreux secteurs, et la médecine ne fait pas exception. Grâce aux **avancées de l'IA**, il est désormais possible d'améliorer le diagnostic, de faciliter l'accès aux soins, et de rendre les processus médicaux plus efficaces. De la **détection des maladies** à la **télémédecine**, en passant par **les assistants intelligents pour les professionnels de santé**, l'IA est un allié puissant pour la **médecine moderne**. Ce chapitre explore l'impact de l'IA sur la santé, comment elle est utilisée pour détecter des maladies plus rapidement et précisément, et comment elle soutient les médecins dans leurs tâches quotidiennes.

1. L'ia Pour Détecter Les Maladies

L'un des domaines les plus prometteurs de l'IA en médecine est la **détection des maladies**. Grâce à des algorithmes d'apprentissage automatique, l'IA peut analyser une immense quantité de données médicales (images, dossiers de patients, résultats de tests) pour identifier des modèles et faire des diagnostics. Elle est utilisée dans le dépistage du **cancer**, des **maladies cardiaques**, des **troubles neurologiques**, et bien plus encore. Ces outils peuvent détecter des signes de maladies beaucoup plus tôt, permettant ainsi des traitements plus précoces et une meilleure chance de guérison.

Exemples de l'IA pour la détection des maladies :

- **DeepMind** (Google) : L'IA de Google DeepMind a été utilisée pour prédire des **dysfonctionnements rénaux** en analysant les données médicales des patients.

- **IBM Watson for Health** : IBM Watson utilise l'IA pour analyser les dossiers médicaux des patients et aider à détecter les maladies graves comme le **cancer** en interprétant les résultats de tests et d'analyses de manière plus rapide et plus précise que les médecins.

- **Radiology AI** : Des IA comme celles développées par **Zebra Medical Vision** et **Aidoc** analysent les radiographies, les IRM et les scanners pour détecter des anomalies dans les images médicales, comme les tumeurs ou les fractures.

Exemples d'application :

- **Utiliser IBM Watson** pour analyser un ensemble de résultats de tests et identifier un possible cancer du sein.

- **Utiliser Zebra Medical Vision** pour détecter des anomalies dans des images radiologiques, comme un infarctus du myocarde (crise cardiaque).

2. L'ia Et La Télémédecine

La **télémédecine** a connu une révolution avec l'IA. Elle permet aux patients d'obtenir des soins à distance, ce qui est particulièrement utile pour ceux qui vivent dans des zones rurales ou des régions éloignées. L'IA joue un rôle essentiel dans la collecte des **données médicales**, le suivi des patients, et la **prise de décisions** cliniques à distance. Elle permet également d'automatiser certaines tâches, comme la gestion des prescriptions et la surveillance des signes vitaux en temps réel.

Exemples de l'IA en télémédecine :

- **Babylon Health** : Une application qui utilise l'IA pour poser des questions au patient, évaluer ses symptômes et proposer un diagnostic initial. Elle met également en relation les patients avec des professionnels de santé pour un suivi à distance.

- **Ada Health** : Une application mobile qui permet aux utilisateurs d'entrer leurs symptômes et d'obtenir des recommandations de diagnostic. Ada utilise l'IA pour analyser les données de santé et proposer des conseils personnalisés.

- **HealthTap** : Un service de télémédecine qui utilise l'IA pour fournir des consultations virtuelles. L'IA aide les médecins à fournir des diagnostics plus rapides en analysant les réponses des patients et en comparant les symptômes avec des bases de données médicales.

Exemples d'application :

- **Utiliser Babylon Health** pour évaluer des symptômes et recevoir une consultation médicale à distance.
- **Utiliser Ada Health** pour obtenir un diagnostic préliminaire avant de consulter un médecin.

3. Les Assistants Ia Pour Les Professionnels De Santé

Les **assistants IA** sont de plus en plus utilisés par les **professionnels de santé** pour améliorer leur efficacité. Ces outils peuvent aider à **automatiser les tâches administratives, gérer les dossiers médicaux**, et même fournir un soutien au diagnostic. L'IA permet aux médecins de se concentrer davantage sur l'interaction avec les patients, tout en améliorant la précision des diagnostics et en réduisant les erreurs médicales.

Exemples d'assistants IA pour les professionnels de santé :

- **IBM Watson Assistant for Healthcare** : Un assistant virtuel qui aide les professionnels de santé à accéder rapidement aux informations médicales et à traiter les données des patients en temps réel.
- **Viz.ai** : Utilise l'IA pour alerter les professionnels de santé en cas d'urgence, comme un AVC, en analysant des images médicales et en envoyant des notifications aux médecins.
- **Updox** : Une plateforme d'IA qui permet aux médecins

de gérer leurs communications avec les patients, les rendez-vous et les dossiers médicaux de manière plus efficace.

Exemples d'application :

- **Utiliser IBM Watson Assistant** pour obtenir rapidement des informations sur un patient et améliorer l'efficacité des consultations.

- **Utiliser Viz.ai pour détecter un AVC** et alerter immédiatement le médecin pour une intervention rapide.

Exemples pratiques :

Exemple 1 : Un chatbot IA pour aider à diagnostiquer les symptômes

1. **Utiliser un chatbot médical IA**, comme **Babylon Health**, pour poser des questions sur les symptômes d'un patient.
2. Le chatbot analyse les réponses et fournit un **diagnostic initial** en fonction des symptômes signalés.
3. Le patient reçoit une **orientation vers un spécialiste** ou des recommandations pour un traitement à suivre.

Exemple 2 : Trouver une IA qui analyse des radios médicales

1. **Utiliser Zebra Medical Vision** pour télécharger une radiographie ou un scanner.
2. L'IA analyse l'image et fournit un rapport détaillé sur les anomalies détectées, comme des fractures ou des signes de cancer.
3. **Comparer les résultats de l'IA** avec ceux d'un radiologue pour évaluer la précision du diagnostic.

Exercice : Trouver Une Ia Qui Analyse Des Radios Médicales

Objectif : Utiliser une IA pour analyser une image médicale (radiographie, scanner, etc.) et comprendre les résultats.

Étapes :

1. **Choisir une plateforme d'IA** qui offre l'analyse des images médicales (ex. : Zebra Medical Vision, Aidoc).

2. **Télécharger une image radiologique** (par exemple, une radiographie de la poitrine ou un scanner cérébral) sur la plateforme.

3. **Analyser les résultats** générés par l'IA et examiner les anomalies détectées.

4. **Comparer les résultats** avec les interprétations fournies par un radiologue ou un professionnel de santé.

Conclusion

L'IA en médecine est une véritable révolution, permettant des **diagnostics plus rapides et plus précis**, une **meilleure gestion des soins à distance** et une **assistance essentielle** pour les professionnels de santé. Que ce soit pour la **détection des maladies**, la **télémédecine**, ou les **assistants intelligents** utilisés par les médecins, l'IA est en train de redéfinir la manière dont les soins sont prodigués et la manière dont les professionnels interagissent avec les patients. Dans le prochain chapitre, nous explorerons l'impact de l'IA dans **les industries créatives**, comme la **musique**, la **vidéo** et le **design**.

CHAPITRE 10 : L'IA ET LA NUTRITION

L'intelligence artificielle transforme la manière dont nous abordons la **nutrition** et **l'alimentation saine**. Grâce aux outils basés sur l'IA, il est désormais possible de créer des **plans alimentaires personnalisés**, d'analyser en temps réel sa **consommation alimentaire** et même de suivre sa **condition physique** de manière plus précise. Ce chapitre explore comment l'IA peut vous aider à atteindre vos objectifs nutritionnels, éviter le gaspillage alimentaire et améliorer votre bien-être global grâce à des recommandations personnalisées.

1. Créer Des Plans Alimentaires Personnalisés Avec L'ia

L'IA permet de créer des **régimes alimentaires personnalisés** en fonction des besoins individuels, tels que le poids, l'âge, les préférences alimentaires, les allergies et les objectifs de santé. Les outils d'IA peuvent analyser vos habitudes alimentaires et proposer des menus adaptés, tout en prenant en compte des facteurs comme votre **métabolisme** et votre **niveau d'activité**. Ces outils vont bien au-delà des recommandations standardisées en créant des **plans nutritionnels dynamiques** qui évoluent en fonction des résultats obtenus.

Exemples de l'IA pour la création de plans alimentaires :

- **Eat This Much** : Un générateur de plans alimentaires qui crée des menus personnalisés en fonction de vos objectifs, de vos préférences alimentaires et de votre budget. L'IA vous aide à planifier des repas en fonction de vos besoins caloriques et nutritionnels.

- **NutriCoach** : Une application IA qui vous aide à choisir les meilleurs aliments en fonction de vos besoins en

nutriments. Elle prend en compte les habitudes alimentaires, les allergies, et fournit des suggestions de recettes
saines.

- **Lumen** : Une technologie basée sur l'IA qui mesure votre
métabolisme en temps réel et propose des recommandations nutritionnelles personnalisées pour optimiser la
gestion du poids.

Exemples d'application :

- **Utiliser Eat This Much** pour créer un plan alimentaire
personnalisé en fonction de vos objectifs de santé (perte
de poids, prise de muscle, maintien).

- **Utiliser NutriCoach** pour analyser vos habitudes alimentaires et obtenir des recommandations de repas
adaptés.

2. Analyser Sa Consommation Et Éviter Le Gaspillage

L'IA est également un outil puissant pour analyser vos habitudes
alimentaires et réduire le **gaspillage alimentaire**. En analysant vos
achats, votre **stock alimentaire**, et vos **préférences**, l'IA peut vous
aider à éviter les excès de nourriture, vous rappeler la date de pé-
remption des produits et vous proposer des solutions pour utiliser
ce que vous avez déjà à la maison.

Exemples de l'IA pour éviter le gaspillage alimentaire :

- **Too Good To Go** : Une application qui utilise l'IA pour
connecter les utilisateurs aux commerces alimentaires
qui ont des surplus à vendre à prix réduit, réduisant ainsi
le gaspillage alimentaire.

- **Yummly** : L'IA de Yummly aide les utilisateurs à planifier
leurs repas en fonction des ingrédients disponibles à la
maison, en proposant des recettes personnalisées pour
éviter d'acheter des ingrédients inutiles.

- **Whisk** : Une plateforme IA qui vous aide à créer des listes de courses basées sur vos préférences alimentaires et ce que vous avez dans votre cuisine, afin de limiter le gaspillage.

Exemples d'application :

- **Utiliser Too Good To Go** pour acheter des repas à prix réduit et réduire le gaspillage alimentaire en soutenant des commerces locaux.
- **Utiliser Yummly** pour trouver des recettes à base des ingrédients disponibles chez vous, afin de mieux gérer votre alimentation.

3. Ia Et Suivi De La Condition Physique

Un aspect crucial de la nutrition est l'**activité physique**, et l'IA permet désormais de **suivre vos progrès physiques** et de vous donner des conseils personnalisés. Que ce soit pour mesurer votre **activité cardiovasculaire**, suivre votre **poids** ou optimiser votre **entrainement sportif**, l'IA offre des solutions adaptées à vos objectifs de santé et de forme physique.

Exemples de l'IA pour le suivi de la condition physique :

- **MyFitnessPal** : Cette application utilise l'IA pour analyser vos habitudes alimentaires et d'exercice. Elle permet de suivre la consommation des macronutriments (protéines, glucides, lipides) et de proposer des ajustements pour améliorer la condition physique.
- **Fitbit** : Un bracelet connecté qui utilise l'IA pour analyser vos mouvements, votre fréquence cardiaque et d'autres paramètres physiologiques. L'IA propose des recommandations pour améliorer l'intensité et la durée de vos entraînements.
- **Strava** : Strava utilise l'IA pour suivre vos performances sportives, que vous couriez, fassiez du vélo ou pratiquiez

d'autres activités. L'application fournit des retours personnalisés sur vos progrès et sur la manière d'améliorer votre performance.

Exemples d'application :

- **Utiliser MyFitnessPal** pour suivre vos repas et ajuster votre consommation en fonction de vos objectifs de santé.

- **Utiliser Fitbit** pour obtenir un suivi personnalisé de votre condition physique et ajuster votre plan d'entraînement en conséquence.

Exemples pratiques :

Exemple 1 : Utiliser une IA pour créer un programme de nutrition personnalisé

1. **Choisir une application IA** comme **Eat This Much**.
2. Entrez vos objectifs (perte de poids, maintien, prise de muscle) ainsi que vos préférences alimentaires et restrictions.
3. L'application génère un **plan alimentaire personnalisé** avec des recettes adaptées à vos besoins nutritionnels.
4. **Suivez vos repas** et ajustez le plan en fonction de vos résultats pour obtenir un programme plus précis.

Exemple 2 : Tester une application IA pour le suivi sportif

1. **Télécharger une application** comme **MyFitnessPal** ou **Fitbit**.
2. Entrez vos données personnelles (poids, taille, objectifs) et commencez à enregistrer vos activités physiques quotidiennes.
3. **Analysez vos progrès** en fonction des retours fournis par l'IA et ajustez vos habitudes alimentaires et votre programme d'entraînement en fonction de vos résultats.

Exercice : Tester Une Application Ia Pour Le Suivi Sportif

Objectif : Utiliser une application IA pour suivre vos progrès physiques et ajuster votre plan alimentaire en conséquence.

Étapes :

1. **Choisir une application de suivi** comme **MyFitnessPal** ou **Fitbit**.
2. Créez un profil personnalisé en entrant vos données personnelles et vos objectifs physiques (perte de poids, renforcement musculaire, etc.).
3. Enregistrez vos repas et activités physiques pendant une semaine.
4. **Examinez les rapports générés par l'IA** pour voir si vos habitudes alimentaires et votre activité physique sont alignées avec vos objectifs.
5. **Ajustez votre alimentation et votre programme d'exercice** en fonction des recommandations de l'IA pour optimiser vos résultats.

Conclusion

L'intelligence artificielle représente un véritable bouleversement dans le domaine de la **nutrition** et du **suivi physique**. Elle permet de créer des **plans alimentaires personnalisés**, d'analyser les habitudes alimentaires pour éviter le gaspillage, et de suivre de manière précise la **condition physique** pour améliorer les performances. En utilisant les outils et applications basés sur l'IA, chacun peut atteindre ses objectifs de santé de manière plus efficace et adaptée à ses besoins personnels. Dans le prochain chapitre, nous explorerons comment l'IA peut améliorer **les processus de ges-**

tion d'entreprise et optimiser les **stratégies commerciales**.

CHAPITRE 11 : L'IA ET LA SANTÉ MENTALE

L'**intelligence artificielle** joue un rôle de plus en plus important dans le domaine de la **santé mentale**. Grâce aux progrès technologiques, des solutions innovantes telles que les **chatbots thérapeutiques** et les applications de gestion du stress sont désormais accessibles à tous. Ces outils peuvent aider les individus à mieux comprendre et gérer leur bien-être émotionnel, à créer un **équilibre sain** entre leur vie professionnelle et personnelle, et à utiliser des méthodes efficaces pour réduire le stress et l'anxiété. Ce chapitre explore l'impact de l'IA sur la **santé mentale**, avec des exemples pratiques et des exercices pour intégrer ces outils dans votre quotidien.

1. Les Chatbots Thérapeutiques (Wysa, Replika, Woebot)

Les chatbots thérapeutiques sont des programmes d'IA conçus pour simuler une interaction humaine et offrir un soutien émotionnel. Ces outils sont particulièrement utiles pour les personnes qui cherchent à mieux comprendre leurs émotions, gérer leur stress, ou simplement parler de leurs préoccupations de manière anonyme.

Exemples de chatbots thérapeutiques :

- **Wysa** : Wysa est un chatbot thérapeutique basé sur l'IA qui utilise des techniques de **thérapie cognitivo-comportementale (TCC)** pour aider les utilisateurs à gérer l'anxiété, la dépression, le stress et d'autres problèmes de santé mentale. L'application propose des conversations interactives et des exercices pratiques pour améliorer le bien-être mental.

- **Replika** : Replika est une application d'IA qui agit comme un compagnon virtuel, offrant des conversations et des interactions qui aident les utilisateurs à exprimer leurs sentiments et à améliorer leur bien-être émotionnel. Replika est souvent utilisée pour combattre la solitude et apporter un soutien émotionnel.
- **Woebot** : Woebot est un autre chatbot thérapeutique qui utilise l'intelligence artificielle pour offrir des conversations basées sur les principes de la thérapie cognitive. Il aide les utilisateurs à identifier les schémas de pensée négatifs et à développer des stratégies pour améliorer leur santé mentale.

Exemples d'application :

- **Utiliser Wysa** pour effectuer une session de relaxation guidée et de gestion du stress.
- **Interagir avec Replika** pour exprimer des émotions et discuter de problèmes personnels, ce qui peut apporter un certain soulagement émotionnel.
- **Discuter avec Woebot** pour identifier des pensées négatives et obtenir des conseils pour améliorer votre humeur.

2. Gérer Le Stress Avec L'ia

Le **stress** est une problématique courante dans la vie quotidienne, et l'IA propose des outils variés pour aider à le gérer. Les applications d'IA de gestion du stress peuvent utiliser des techniques comme la **méditation guidée**, des exercices de **respiration profonde**, et des **sujets de conversation relaxants** pour aider les utilisateurs à se détendre et à trouver des solutions pratiques pour faire face au stress.

Exemples d'outils pour la gestion du stress avec l'IA :

- **Calm** : Une application populaire qui utilise l'IA pour guider les utilisateurs à travers des **sessions de méditation** et des **exercices de relaxation**. Calm aide à réduire l'anxiété et le stress en fournissant des outils pour la pleine conscience et la respiration.

- **Headspace** : Un autre outil d'IA qui offre des méditations guidées, des exercices de respiration et des conseils pour gérer le stress. L'application propose des programmes personnalisés en fonction du niveau de stress de l'utilisateur.

- **Breethe** : Cette application combine l'IA et la pleine conscience pour aider les utilisateurs à réduire leur stress à travers des **techniques de relaxation**, des **affirmations positives**, et des **exercices de respiration**.

Exemples d'application :

- **Utiliser Calm** pour effectuer une méditation de 10 minutes visant à réduire le stress après une journée de travail.

- **Tester Headspace** pour suivre un programme de gestion du stress quotidien en fonction de votre niveau de tension et de vos besoins.

- **Suivre des exercices de relaxation sur Breethe** pour vous recentrer et réduire le stress avant une réunion importante.

3. Créer Un Équilibre Entre Travail Et Vie Personnelle

Le travail peut souvent empiéter sur la vie personnelle, provoquant du stress et des sentiments de surcharge. L'IA peut vous aider à trouver un **équilibre sain** en vous permettant de mieux gérer votre emploi du temps, de fixer des priorités, et d'intégrer des moments de détente dans votre journée. Cela est possible grâce à des applications qui optimisent la gestion du temps, comme les **assistants intelligents** et les **outils de planification** personnalisée.

Exemples d'outils pour créer un équilibre travail-vie personnelle avec l'IA :

- **RescueTime** : Un outil qui suit automatiquement votre utilisation du temps et vous aide à identifier les moments où vous êtes trop concentré sur le travail, afin de vous inciter à prendre des pauses et à vous détendre.
- **Trello avec Power-Ups IA** : Trello, un outil de gestion de projet, propose des Power-Ups d'IA qui aident à mieux organiser et hiérarchiser les tâches, permettant ainsi de libérer du temps pour la détente et les activités personnelles.
- **Focus@Will** : Cette application utilise l'IA pour créer des playlists musicales personnalisées qui favorisent la concentration, vous permettant de mieux vous concentrer sur votre travail tout en réduisant le stress lié à la surcharge d'informations.

Exemples d'application :

- **Utiliser RescueTime** pour identifier les périodes de travail intense et ajuster votre emploi du temps pour inclure plus de moments de relaxation.
- **Utiliser Trello avec Power-Ups IA** pour organiser vos tâches et créer des rappels pour faire des pauses régulières.
- **Écouter Focus@Will** pendant votre journée de travail pour améliorer votre concentration et réduire le stress.

Exemples pratiques :

Exemple 1 : Utiliser une IA pour méditer

1. **Choisir une application** de méditation comme **Calm** ou **Headspace**.
2. Sélectionnez un programme de méditation guidée de 10 à 20 minutes pour la gestion du stress.

3. **Pratiquez la méditation** et concentrez-vous sur votre respiration pendant toute la durée de la session.

4. **Évaluez votre niveau de stress** avant et après la session, et ajustez votre routine de méditation pour la rendre plus efficace au fur et à mesure.

Exemple 2 : Tester un chatbot thérapeutique IA

1. **Téléchargez Wysa ou Replika** et créez un profil.

2. **Commencez une conversation** avec le chatbot, en exprimant vos émotions ou en parlant d'un problème que vous souhaitez aborder.

3. **Suivez les conseils** et exercices suggérés par l'IA pour réduire l'anxiété ou la solitude.

4. **Évaluez l'efficacité** de la conversation et réajustez vos interactions pour de meilleures réponses et un soutien accru.

Exercice : Tester Un Chatbot Thérapeutique Ia

Objectif : Interagir avec un chatbot thérapeutique pour évaluer son efficacité dans la gestion du stress et des émotions.

Étapes :

1. **Téléchargez Wysa, Replika, ou Woebot** et inscrivez-vous.

2. Lancez une conversation en exprimant une émotion (stress, anxiété, frustration) ou en partageant une situation qui vous perturbe.

3. Suivez les **instructions du chatbot** pour pratiquer des exercices de relaxation, de gestion de la pensée, ou de respiration.

4. **Notez vos émotions** avant et après l'interaction pour évaluer les effets immédiats de l'IA sur votre bien-être

émotionnel.

5. **Réfléchissez à l'expérience** : L'IA vous a-t-elle aidé à mieux comprendre ou gérer votre stress ? Comment pourriez-vous intégrer cet outil dans votre quotidien ?

Conclusion

L'intelligence artificielle offre de puissants outils pour prendre soin de **notre santé mentale**. Que ce soit à travers des **chatbots thérapeutiques**, des applications de **gestion du stress**, ou des outils pour créer un **équilibre entre travail et vie personnelle**, l'IA propose des solutions concrètes pour améliorer notre bien-être émotionnel. En utilisant ces outils, chacun peut mieux comprendre et gérer son stress, se détendre et créer un environnement plus harmonieux dans sa vie quotidienne.

CHAPITRE 12 : L'IA ET LA LONGÉVITÉ

La **longévité** humaine, ou l'augmentation de la durée de vie en bonne santé, est un domaine en pleine expansion, avec l'intelligence artificielle (IA) jouant un rôle central dans la **recherche médicale**, la **génétique**, et la **médecine prédictive**. Les avancées technologiques permettent de mieux comprendre les mécanismes biologiques qui régissent le vieillissement et de développer des traitements potentiels pour allonger la vie tout en améliorant la qualité de vie. Dans ce chapitre, nous explorerons comment l'IA est utilisée pour améliorer la longévité, à travers des domaines comme la génétique, la médecine prédictive, et la bio-ingénierie.

1. Les Recherches Sur L'ia Et L'augmentation De La Durée De Vie

L'IA joue un rôle important dans les recherches actuelles sur l'**augmentation de la durée de vie**. Grâce à la puissance de calcul et aux algorithmes d'IA, les scientifiques peuvent analyser d'énormes quantités de données génétiques, environnementales et biomédicales pour mieux comprendre les facteurs du vieillissement et identifier de nouvelles pistes thérapeutiques.

Exemples de recherche et applications :

- **Analyse des données génétiques** : L'IA est utilisée pour décoder des milliards de paires de bases dans l'ADN et pour repérer des mutations génétiques qui influencent la longévité. Cela permet de cibler des traitements pour ralentir le vieillissement cellulaire et prévenir des maladies liées à l'âge.

- **Modélisation du vieillissement** : Les chercheurs utilisent des modèles d'IA pour simuler le vieillissement humain à différents niveaux (cellules, tissus, organes) et tester des traitements potentiels avant de les appliquer en essais cliniques.

- **Optimisation des traitements anti-âge** : L'IA aide à concevoir des molécules capables de ralentir le vieillissement cellulaire, en se basant sur des bases de données de composés chimiques et biologiques, et en identifiant les médicaments prometteurs plus rapidement.

2. L'ia Pour La Génétique Et La Médecine Prédictive

La **médecine prédictive** utilise l'IA pour prédire les risques de maladies futures en analysant des données génétiques, environnementales et comportementales. Dans le domaine de la longévité, l'IA peut identifier les personnes à risque de maladies liées au vieillissement, comme **les maladies cardiaques**, **le diabète**, et **les maladies neurodégénératives**, avant même que les symptômes n'apparaissent.

Exemples d'applications en génétique et médecine prédictive :

- **Analyse du profil génétique** : L'IA peut analyser votre ADN pour prédire vos risques de maladies génétiques et proposer des plans de prévention personnalisés. Des entreprises comme **23andMe** et **AncestryDNA** intègrent des outils d'IA pour fournir des insights sur la santé et la génétique.

- **Prédiction des maladies neurodégénératives** : Des entreprises comme **DeepMind** (une filiale de Google) utilisent l'IA pour analyser des images cérébrales et prédire l'apparition de maladies comme **Alzheimer** ou **Parkinson**, permettant ainsi une détection précoce et un traitement plus rapide.

- **Suivi de la santé avec IA** : Des applications comme **IBM Watson Health** utilisent des algorithmes d'IA pour analyser les données de santé d'une personne (antécédents médicaux, mode de vie, etc.) et fournir des recommandations personnalisées pour améliorer la longévité et prévenir des maladies.

3. Les Avancées En Bio-Ingénierie Et Ia

L'IA aide également à **révolutionner la bio-ingénierie**, une discipline qui combine les principes de la biologie et de l'ingénierie pour développer des technologies capables d'améliorer ou de remplacer des fonctions corporelles humaines. En utilisant l'IA, les chercheurs peuvent créer des **organs artificiels**, des **prothèses intelligentes**, et des **tissus biologiques réparateurs**.

Exemples d'avancées en bio-ingénierie grâce à l'IA :

- **Organs artificiels** : L'IA permet la conception de **cœurs artificiels**, de **poumons bio-imprimés** et d'autres organes créés en laboratoire, qui peuvent remplacer des organes défectueux ou vieillissants, prolongeant ainsi la vie des patients.

- **Prothèses intelligentes** : L'IA aide à concevoir des prothèses plus **réactives** et **adaptables**, qui s'ajustent automatiquement aux besoins du corps humain, permettant aux personnes amputées de retrouver une **meilleure mobilité** et une qualité de vie améliorée.

- **Régénération cellulaire** : Des recherches en bio-ingénierie et IA explorent la possibilité de **réparer les cellules endommagées** ou de **reproduire des tissus vivants**, permettant de régénérer des parties du corps humain et de ralentir le processus de vieillissement.

Exemples pratiques :

Exemple 1 : Simuler une consultation IA pour le bien-être

1. **Téléchargez une application de santé AI** comme **Babylon Health** ou **Ada Health**, qui propose des consulta

tions médicales virtuelles basées sur l'IA.

2. **Répondez aux questions** concernant votre état de santé, votre historique médical et vos habitudes de vie.

3. **Analysez le diagnostic** généré par l'IA et consultez les recommandations de santé basées sur votre profil.

4. **Intégrez ces recommandations** à votre routine pour améliorer votre bien-être et potentiellement augmenter votre longévité.

Exemple 2 : Explorer un outil IA pour prédire son état de santé futur

1. **Utilisez un outil de prédiction de la santé IA** comme **Lifelength** ou **Arivale**, qui analyse vos données de santé (comme vos habitudes alimentaires, votre activité physique, vos antécédents médicaux) et prédit les risques de maladies futures.

2. **Recevez un rapport personnalisé** sur les risques potentiels concernant votre santé, y compris des maladies liées à l'âge.

3. **Implémentez les conseils** pour réduire ces risques et améliorer votre longévité (par exemple, en ajustant votre régime alimentaire, votre routine d'exercice, ou votre gestion du stress).

Exercice : Explorer Un Outil Ia Pour Prédire Son État De Santé Futur

Objectif : Utiliser une application d'IA pour analyser vos données de santé et prédire votre état de santé futur, en particulier en ce qui concerne la longévité.

Étapes :

1. **Choisissez une application d'IA** qui se concentre sur la prédiction de la santé, comme **Lifelength** ou **IBM Watson Health**.

2. **Saisissez vos informations personnelles** : âge, sexe, historique médical, habitudes alimentaires, niveau d'activité physique, etc.

3. **Analysez les recommandations** proposées par l'outil d'IA concernant vos risques de maladies et les étapes à suivre pour améliorer votre santé.

4. **Adoptez un mode de vie plus sain** en fonction des prédictions et des conseils fournis, afin de maximiser vos chances de vivre en bonne santé plus longtemps.

Conclusion

L'intelligence artificielle ouvre de nombreuses perspectives pour améliorer la **longévité humaine**, grâce à son utilisation dans des domaines clés tels que la **génétique**, la **médecine prédictive**, et la **bio-ingénierie**. En offrant des outils puissants pour prédire les risques de maladies futures et optimiser les traitements médicaux, l'IA joue un rôle essentiel dans le prolongement de la vie en bonne santé. Les exemples et exercices pratiques présentés dans ce chapitre montrent comment l'IA peut être utilisée dès aujourd'hui pour améliorer notre bien-être et prendre des décisions éclairées pour une vie plus longue et plus saine.

PARTIE 4 : LES LIMITES, DÉFIS ET AVENIR DE L'IA

Objectif : Explorer les défis éthiques et anticiper le futur de l'IA.

CHAPITRE 13 : LES DANGERS DE L'IA

L'intelligence artificielle, bien qu'elle offre de nombreuses possibilités fascinantes, présente également des **risques** et des **dangers** potentiels qui peuvent affecter des aspects clés de la société, tels que la **vie privée**, la **sécurité**, et l'**éthique**. Ce chapitre explore les principales préoccupations liées à l'utilisation de l'IA, notamment les **biais algorithmiques**, les **risques d'arnaques et de deepfakes**, et les **problèmes de vie privée**. Il est essentiel de comprendre ces dangers afin d'utiliser l'IA de manière responsable et éclairée.

1. Les Biais Algorithmiques

Les **biais algorithmiques** font référence à l'existence de préjugés dans les décisions prises par les algorithmes d'IA. Ces biais peuvent être dus à des **données biaisées**, à des **préjugés humains** dans les modèles d'IA, ou à des **manques de diversité** dans les équipes de développement. En conséquence, les systèmes d'IA peuvent reproduire ou même amplifier des discriminations, que ce soit en matière de **genre**, de **race**, d'**âge**, ou d'autres critères.

Exemples de biais algorithmiques :

- **Recrutement** : Un système de recrutement automatisé pourrait favoriser les hommes par rapport aux femmes si les données d'entraînement sont biaisées en faveur des candidats masculins.
- **Crédit et finance** : Des algorithmes de scoring de crédit peuvent désavantager certaines communautés en raison de biais dans les données historiques utilisées pour prédire la solvabilité.
- **Justice** : Des algorithmes utilisés dans le domaine judiciaire peuvent établir des profils de risque biaisés, affectant les décisions sur la liberté conditionnelle ou les

peines de prison.

Solutions pour atténuer les biais algorithmiques :

- Utiliser des **données diversifiées** pour entraîner les modèles d'IA.
- Développer des **algorithmes transparents** et explicables pour comprendre les décisions prises par l'IA.
- **Auditer régulièrement** les systèmes d'IA pour détecter et corriger les biais.

2. Les Risques D'arnaques Et De Deepfakes

Les **deepfakes** sont des vidéos, des images ou des enregistrements audio manipulés à l'aide d'algorithmes d'IA pour créer de fausses représentations de personnes ou d'événements. Ces technologies peuvent être utilisées de manière malveillante pour **manipuler l'opinion publique**, **diffamer des individus** ou **protéger des arnaques** en ligne.

Exemples de risques liés aux deepfakes :

- **Manipulation politique** : Des deepfakes peuvent être utilisés pour faire dire à un dirigeant ou à un homme politique des choses qu'il n'a jamais dites, semant la confusion et la désinformation parmi les citoyens.
- **Escroqueries financières** : Les arnaqueurs peuvent utiliser des deepfakes pour imiter des voix ou des visages de personnalités de confiance, incitant les gens à partager des informations personnelles ou à effectuer des paiements frauduleux.
- **Atteintes à la réputation** : Des individus peuvent être victimes de deepfakes qui leur attribuent des propos ou des comportements qu'ils n'ont jamais tenus, causant des dommages à leur réputation professionnelle ou personnelle.

Solutions pour détecter les deepfakes :

- Utiliser des outils d'**analyse d'image et de vidéo** (par exemple, des systèmes d'IA capables de repérer des incohérences dans les vidéos).
- Développer des technologies de **détection des deepfakes** qui vérifient l'authenticité des contenus numériques.

3. Les Problèmes De La Vie Privée

L'IA soulève également des **questions préoccupantes concernant la vie privée**, car elle peut être utilisée pour collecter et analyser des données personnelles sur une échelle massive. Cela inclut des informations telles que vos habitudes de navigation sur Internet, vos préférences d'achat, ou même vos interactions sur les réseaux sociaux. Ces informations peuvent être utilisées pour vous cibler avec des publicités personnalisées ou, dans des cas plus graves, pour violer votre vie privée.

Exemples de risques pour la vie privée :

- **Surveillance de masse** : Des systèmes de reconnaissance faciale peuvent être utilisés pour surveiller la population en temps réel sans leur consentement, compromettant ainsi leur liberté individuelle.
- **Collecte de données** : Des entreprises peuvent collecter des données personnelles pour personnaliser des produits ou services, mais ces données peuvent également être revendues ou utilisées à des fins malveillantes.
- **Intrusion dans les communications** : L'IA peut être utilisée pour analyser vos conversations privées, via des applications de messagerie ou même des assistants vocaux, mettant en danger la confidentialité de vos échanges.

Solutions pour protéger la vie privée :

- Utiliser des outils de **cryptage** pour protéger les données sensibles.

- Être vigilant sur les **permissions d'accès aux données** dans les applications et services en ligne.
- Choisir des plateformes qui respectent la **vie privée des utilisateurs** et offrent une **transparence totale** sur l'utilisation des données.

Exemples pratiques :

Exemple 1 : Détecter un deepfake avec une IA

1. Utilisez un outil comme **Deepware Scanner** ou **Sensity AI**, conçu pour analyser des vidéos ou des images et détecter les signes de manipulation par deepfake.
2. **Téléchargez une vidéo suspecte** ou un contenu multimédia que vous souhaitez analyser.
3. **Lancez l'analyse** avec l'outil d'IA, qui comparera le contenu avec une base de données pour repérer des signes de manipulation, comme des incohérences dans les mouvements du visage ou des artefacts visuels.
4. **Examinez les résultats** pour déterminer si le contenu est authentique ou manipulé.

Exemple 2 : Trouver une IA qui protège ses données personnelles

1. Téléchargez une application de protection des données comme **DuckDuckGo** pour naviguer sur le web de manière anonyme ou **ProtonVPN** pour sécuriser votre connexion Internet.
2. **Activez les paramètres de confidentialité** dans les outils afin de masquer votre adresse IP, crypter vos données, et éviter le suivi des activités en ligne.
3. **Vérifiez les permissions** des applications sur votre téléphone ou ordinateur pour limiter l'accès aux données sensibles.
4. **Surveillez les alertes de sécurité** qui vous informeront des violations potentielles de votre vie privée.

Exercice : Trouver Une Ia Qui Protège Ses Données Personnelles

Objectif : Utiliser une IA pour mieux protéger ses informations personnelles et garantir la confidentialité de ses données en ligne.

Étapes :

1. **Téléchargez une application** comme **Privacy.com** pour gérer vos cartes bancaires virtuelles et éviter les achats en ligne non sécurisés.

2. **Installez un VPN** comme **NordVPN** ou **ExpressVPN** pour sécuriser votre connexion Internet et empêcher le suivi de votre activité en ligne.

3. **Vérifiez vos paramètres de confidentialité** dans les réseaux sociaux et les services en ligne que vous utilisez pour vous assurer que vos informations personnelles sont protégées.

4. **Testez la sécurité de vos mots de passe** avec des outils comme **1Password** ou **LastPass**, qui utilisent l'IA pour vous aider à créer des mots de passe robustes.

Conclusion

Bien que l'intelligence artificielle offre des avantages impressionnants, elle comporte aussi des risques qui ne doivent pas être ignorés. Les **biais algorithmiques**, les **deepfakes**, et les **problèmes de vie privée** représentent des dangers qui nécessitent des solutions proactives pour garantir une utilisation responsable et éthique de l'IA. En comprenant ces dangers et en utilisant des outils d'IA pour se protéger, nous pouvons bénéficier de l'IA tout en minimisant les risques associés.

CHAPITRE 14 : L'ÉTHIQUE ET LA RÉGULATION DE L'IA

L'intelligence artificielle a révolutionné de nombreux secteurs, mais elle soulève également des questions complexes sur son impact sur la société et les individus. Ce chapitre explore les questions d'éthique et de régulation de l'IA, en mettant l'accent sur les **lois existantes**, le **respect des droits humains**, et la **confiance** que l'on peut accorder aux IA. Comprendre ces enjeux est essentiel pour créer un cadre où l'IA peut être utilisée de manière bénéfique tout en minimisant ses risques et ses abus.

1. Les Lois En Place Et Leur Évolution

Le développement rapide de l'intelligence artificielle a conduit à une prise de conscience mondiale des besoins en matière de régulation. Bien que de nombreuses législations existent pour encadrer l'utilisation de l'IA, elles sont souvent jugées **insuffisantes** face à la vitesse d'évolution de la technologie.

Les principales législations sur l'IA :

- **Le règlement européen sur l'IA (AI Act)** : L'Union européenne a introduit un cadre législatif visant à réguler les risques liés à l'IA en fonction de son **niveau de dangerosité**. Ce règlement divise l'IA en plusieurs catégories, allant des systèmes à faible risque aux systèmes à haut risque, et impose des obligations strictes de transparence et de responsabilité.

- **Les lois sur la protection des données (comme le RGPD)** : Ces lois visent à protéger les droits des individus concernant la collecte et le traitement de leurs données personnelles par les systèmes d'IA. Elles imposent des obligations de consentement, de transparence et de sécurité des données.

- **Législation en matière de **discrimination et de biais** : Certains pays ont commencé à mettre en place des lois interdisant les discriminations systémiques dans les décisions prises par des IA, en particulier dans les domaines du recrutement, du crédit, et de la justice.

Les défis de la régulation :

- **Adaptabilité** : La législation peine souvent à suivre l'évolution rapide de l'IA, avec des lois qui deviennent obsolètes face aux nouvelles capacités des technologies.

- **Manque de consensus international** : Les approches de régulation varient considérablement d'un pays à l'autre, ce qui crée un cadre législatif fragmenté et complique la gestion de l'IA à une échelle mondiale.

- **L'impact sur l'innovation** : Trop de régulations peuvent freiner l'innovation, surtout dans des domaines sensibles comme la **reconnaissance faciale**, l'**autonomie des véhicules**, et l'**IA en santé**.

Exemple :

Le **AI Act européen**, en cours de développement, vise à encadrer l'IA en se concentrant sur la gestion des risques, la transparence des systèmes IA, et la responsabilisation des entreprises qui les utilisent.

2. L'ia Et Le Respect Des Droits Humains

L'IA, si elle est mal régulée, peut être utilisée pour violer des **droits fondamentaux** et des **libertés individuelles**. Des questions éthiques se posent notamment sur l'utilisation de l'IA dans des domaines comme **la surveillance de masse**, le **recrutement** et le **système judiciaire**.

Les droits humains impactés par l'IA :

- **Le droit à la vie privée** : Les systèmes de surveillance de masse, alimentés par l'IA, peuvent violer la vie privée des individus, en particulier dans des régimes autoritaires ou par des entreprises qui collectent des données sans consentement explicite.

- **L'égalité et la non-discrimination** : L'IA, si elle est alimentée par des données biaisées, peut renforcer des stéréotypes et reproduire des discriminations, comme celles basées sur le **genre**, la **race**, ou l'**âge**.

- **Le droit à l'autonomie** : L'automatisation croissante des décisions peut restreindre l'autonomie des individus, notamment lorsqu'il s'agit de décisions prises par des IA sans possibilité d'interaction humaine (ex : les décisions judiciaires ou en matière de crédit).

Des exemples concrets :

- **Reconnaissance faciale** : Des pays comme la Chine utilisent la reconnaissance faciale pour surveiller leurs citoyens en temps réel, une pratique qui soulève des inquiétudes quant à la violation de la vie privée et à l'absence de consentement des personnes surveillées.

- **Recrutement automatisé** : Des entreprises utilisent des IA pour automatiser les processus de recrutement, mais ces IA peuvent discriminer des candidats en fonction de leur sexe, de leur origine ethnique ou d'autres critères non pertinents.

Solutions pour respecter les droits humains :

- **Conception éthique** : Intégrer des **principes éthiques** dès la phase de conception des IA, en tenant compte des droits fondamentaux des individus.

- **Audit et transparence** : Les entreprises doivent permettre un **audit indépendant** des systèmes d'IA pour garantir qu'ils respectent les normes éthiques et les droits humains.

- **Consentement éclairé** : Obtenir le **consentement éclairé** des utilisateurs pour le traitement de leurs données, et garantir une **information claire** sur la manière dont les données sont utilisées.

3. Peut-On Faire Confiance Aux Ia ?

La confiance en l'IA est un enjeu majeur. L'IA est souvent perçue comme un outil **objectif** et **neutre**, mais elle est en réalité aussi biaisée que les données qui la nourrissent. De plus, la **transparence** des algorithmes, leur **capacité à expliquer leurs décisions** et leur **fiabilité** sont des questions cruciales pour assurer une confiance dans ces systèmes.

Les enjeux de la confiance :

- **Transparence** : Les IA sont souvent perçues comme des « boîtes noires », où il est difficile de comprendre comment une décision a été prise. Cela soulève des questions sur la **responsabilité** en cas d'erreur.
- **Fiabilité** : Peut-on faire confiance à une IA pour prendre des décisions cruciales, par exemple dans les domaines de la santé ou de la justice ? Les erreurs peuvent avoir des conséquences graves, et la fiabilité des systèmes d'IA doit être rigoureusement testée.
- **Responsabilité** : Si une IA fait une erreur, qui est responsable ? L'entreprise qui l'a développée, l'utilisateur, ou l'algorithme lui-même ? La question de la responsabilité est encore floue.

Exemples de manque de confiance :

- **L'IA dans le domaine de la justice** : Des systèmes d'IA sont utilisés pour prédire la probabilité de récidive des délinquants, mais ces prédictions ont été critiquées pour leur manque de transparence et pour reproduire des biais raciaux.
- **L'IA en santé** : L'utilisation d'IA pour diagnostiquer des maladies a soulevé des préoccupations sur la capacité des systèmes à détecter certaines conditions sans erreur,

ainsi que sur la compréhension de leur processus décisionnel.

Solutions pour renforcer la confiance :

- **Explicabilité de l'IA** : Développer des **modèles d'IA explicables**, permettant aux utilisateurs de comprendre comment et pourquoi une décision a été prise.

- **Test et validation** : Tester rigoureusement les systèmes d'IA dans des conditions réelles avant de les déployer à grande échelle.

- **Engagement en matière de transparence** : Les entreprises doivent publier des **rapports** réguliers sur l'impact de leurs technologies d'IA et sur les efforts qu'elles déploient pour les rendre plus sûres et transparentes.

Exemples pratiques :

Exemple 1 : Lire une politique d'IA éthique d'une entreprise

1. Recherchez une **politique éthique sur l'IA** d'une entreprise tech, comme **Google** ou **Microsoft**.

2. Analysez la manière dont l'entreprise aborde des questions comme **la protection de la vie privée**, **la transparence**, **les biais algorithmiques**, et la **responsabilité**.

3. **Comparez** ces politiques pour voir si certaines entreprises ont des engagements plus robustes que d'autres.

Exemple 2 : Débattre sur un cas éthique impliquant l'IA

1. Organisez un débat en groupe sur un cas éthique impliquant l'IA, comme l'utilisation de **robots** dans les maisons de retraite ou la **surveillance de masse** avec la reconnaissance faciale.

2. Discutez des **avantages** et des **risques** de l'utilisation de l'IA dans ce contexte.

3. Prenez des positions sur la manière dont l'IA devrait être régulée dans ces domaines, en tenant compte des **droits**

humains et de la **sécurité publique**.

Conclusion

La régulation et l'éthique de l'IA sont des domaines cruciaux pour garantir une utilisation juste, transparente et bénéfique des technologies d'intelligence artificielle. Les législations sont encore en évolution, mais il est impératif de poursuivre le dialogue sur ces questions afin de garantir que l'IA respecte les **droits humains** et inspire **confiance** parmi les utilisateurs.

CHAPITRE 15 : L'AVENIR DE L'IA ET DE L'HUMAIN

L'intelligence artificielle (IA) est en constante évolution, et son futur soulève des questions aussi fascinantes qu'inquiétantes. Les prochaines décennies seront cruciales pour déterminer comment l'IA interagira avec l'humanité, comment elle pourrait transformer nos vies et notre société, et comment nous nous adapterons à cette révolution technologique. Dans ce chapitre, nous explorerons **l'avenir de l'IA**, les **synergies possibles entre l'IA et l'humain**, et comment nous pourrons **nous préparer et nous adapter** à cette transformation.

1. Vers Une Ia Encore Plus Puissante

L'IA actuelle est déjà incroyablement puissante, mais elle est loin d'avoir atteint son plein potentiel. L'avenir de l'IA pourrait voir des **avancées spectaculaires**, avec des capacités qui surpassent largement ce que nous pouvons imaginer aujourd'hui.

Les domaines d'évolution :

- **L'IA générale (AGI)** : Contrairement à l'IA actuelle, qui est spécialisée dans des tâches précises, l'IA générale serait capable de comprendre et d'apprendre n'importe quelle tâche de la même manière qu'un être humain. Cela ouvrirait la voie à des systèmes d'IA capables de résoudre des problèmes complexes dans n'importe quel domaine, des sciences à l'art, en passant par la philosophie.

- **L'auto-amélioration de l'IA** : L'IA pourrait devenir **auto-évolutive**, capable d'améliorer ses propres algorithmes et d'optimiser ses performances de manière autonome. Ce processus pourrait conduire à une évolution rapide et imprévisible, dépassant les capacités humaines de compréhension et de contrôle.

- **L'IA quantique** : L'**informatique quantique** pourrait révolutionner l'IA, en permettant des calculs beaucoup plus rapides et complexes, ouvrant de nouvelles avenues pour la recherche en médecine, en climatologie, et même dans la création d'IA capables de résoudre des problèmes mathématiques impossibles à aborder aujourd'hui.

- **L'IA émotionnelle** : L'IA pourrait aussi devenir capable de comprendre et d'interagir avec des émotions humaines de manière plus authentique. Cela pourrait transformer des secteurs comme la **santé mentale**, le **soin aux personnes âgées**, et l'**éducation**, où l'empathie et l'écoute sont primordiales.

Exemple futuriste :

Le projet **OpenAI GPT-10** pourrait devenir une IA capable de comprendre des nuances complexes dans la communication humaine, anticipant les émotions des individus et ajustant ses réponses de manière intuitive, en offrant une interaction plus fluide, empathique et intelligente.

2. Les Synergies Entre Ia Et Humain

Dans l'avenir, l'IA ne se contentera pas de remplacer les humains, elle pourra **compléter** et **amplifier** nos capacités. Les **synergies entre l'IA et l'humain** pourraient être la clé de notre évolution collective. Plutôt que de voir l'IA comme une menace pour les emplois humains, il est possible de l'envisager comme un **outil de collaboration** qui nous aide à aller plus loin.

Les opportunités de collaboration :

- **Augmentation des capacités humaines** : L'IA pourrait augmenter nos capacités cognitives et physiques. Par exemple, des **prothèses intelligentes** ou des implants cérébraux pourraient permettre aux personnes handicapées de retrouver une mobilité totale, ou même d'améliorer les capacités cognitives humaines, comme la mémoire et la vitesse de traitement de l'information.

- **Création collective** : L'IA pourrait devenir un **partenaire créatif** dans des domaines comme l'art, la musique, l'architecture, et l'écriture. Des IA pourraient aider à co-créer des œuvres artistiques en interagissant avec des créateurs humains, en apportant des idées nouvelles ou en améliorant la production artistique.

- **Intelligence augmentée** : Les humains pourraient travailler en tandem avec des IA pour améliorer leur prise de décision, que ce soit dans le domaine de la **médecine**, de **l'éducation**, ou des **affaires**. L'IA pourrait analyser de grandes quantités de données et fournir des insights précieux pour aider à prendre des décisions plus éclairées et efficaces.

- **Prédiction et prévention** : En combinant l'intelligence humaine et l'IA, on pourrait anticiper des crises environnementales, sociales ou économiques, grâce à des analyses prédictives complexes. Cela permettrait une meilleure **préparation** et une action rapide en cas de besoin.

Exemple :

Les **assistants personnels intelligents** de demain pourraient non seulement organiser notre emploi du temps mais aussi nous conseiller sur les meilleures décisions à prendre pour notre bien-être personnel et professionnel, en tenant compte de nos préférences et de nos objectifs de vie.

3. Comment S'adapter À Cette Révolution ?

Alors que l'IA devient de plus en plus puissante et omniprésente, il est crucial de se préparer à ses impacts sur la société et l'économie. **S'adapter à la révolution de l'IA** nécessite un changement de mentalité et une volonté d'apprendre à vivre et travailler en harmonie avec ces technologies.

Les compétences nécessaires :

- **Apprentissage continu** : Face à l'évolution rapide de l'IA, il sera essentiel de se former en permanence pour rester pertinent sur le marché du travail. L'acquisition de compétences en **data science, programmation**, et **gestion de l'IA** deviendra de plus en plus importante, mais des compétences en **créativité** et **intelligence émotionnelle** resteront essentielles pour compléter les machines.

- **Adaptabilité et flexibilité** : Les personnes devront être prêtes à réinventer leurs carrières et à développer des compétences transversales, capables de s'appliquer à différents secteurs et types de travail.

- **Collaboration avec les IA** : Pour tirer pleinement parti des synergies entre l'IA et l'humain, les professionnels devront être formés à collaborer avec des systèmes intelligents, en utilisant ces outils pour augmenter leur propre efficacité.

- **Réflexion éthique** : Il sera important de réfléchir à l'impact de l'IA sur la société, en abordant des questions de justice, de **biais** et de **responsabilité**.

Les défis sociaux :

- **Disparités économiques** : L'automatisation alimentée par l'IA pourrait entraîner une **augmentation des inégalités**, si certaines régions ou classes sociales n'ont pas accès aux nouvelles technologies. Des politiques publiques devront être mises en place pour assurer une **distribution équitable** des bénéfices de l'IA.

- **Emplois et reconversion professionnelle** : Certains emplois seront remplacés par l'IA, mais de nouveaux métiers seront également créés. Il faudra mettre en place des programmes de **reconversion professionnelle** pour aider les travailleurs à s'adapter à cette nouvelle réalité.

Exemple futuriste :

Dans les écoles du futur, les enfants pourraient interagir avec des IA qui s'adaptent à leur style d'apprentissage, tout en étant formés à comprendre les implications sociales et éthiques des technologies qu'ils utiliseront tout au long de leur vie.

Exemples pratiques :

Exemple 1 : Explorateur des projets futuristes d'IA

Explorez quelques-uns des projets futuristes les plus prometteurs dans le domaine de l'IA :

- **IA en agriculture** : Découvrez comment des IA pourraient être utilisées pour améliorer la production alimentaire en optimisant l'utilisation des ressources et en créant des cultures résistantes au changement climatique.

- **IA en santé** : Explorez les recherches sur des systèmes d'IA capables de diagnostiquer des maladies rares ou complexes, et de développer des traitements personnalisés à grande échelle.

- **Villes intelligentes** : Étudiez comment l'IA pourrait transformer nos villes en **smart cities** où les transports, l'énergie, et la gestion des déchets seraient optimisés par des systèmes intelligents.

Exercice : Imaginer Une Journée En 2050 Avec L'ia

Imaginez une journée typique de travail et de vie personnelle en 2050, dans un monde où l'IA est intégrée dans presque tous les aspects de la vie. Écrivez une journée de **8 heures** qui inclut l'utilisation de l'IA dans des domaines comme :

- La gestion de votre emploi du temps
- Les interactions avec des IA pour résoudre des problèmes complexes

- Les technologies d'IA pour améliorer votre bien-être et santé
- L'impact de l'IA sur vos interactions sociales

CONCLUSION

L'intelligence artificielle (IA) représente une opportunité extraordinaire pour l'humanité, bien plus qu'une menace. En apprenant à comprendre et à utiliser l'IA de manière responsable, nous pouvons transformer nos vies et nos sociétés, en optimisant nos capacités, en améliorant nos conditions de travail et de santé, et en ouvrant de nouvelles perspectives dans presque tous les domaines de l'existence humaine. Cependant, pour en tirer le meilleur parti, il est crucial de se préparer à cette révolution technologique et d'en maîtriser les outils.

L'ia Est Une Opportunité, Pas Une Menace

L'IA a longtemps été perçue comme une menace, souvent alimentée par des craintes liées à la perte d'emplois, à la surveillance ou à des scénarios dystopiques. Cependant, une telle vision ne prend pas en compte les nombreuses **opportunités** qu'elle offre. De l'amélioration de la productivité dans les entreprises à la personnalisation de l'apprentissage pour chaque étudiant, l'IA a le potentiel de libérer du temps et de l'énergie pour se concentrer sur des tâches plus créatives, humaines et stratégiques.

L'IA n'est pas là pour remplacer l'humain, mais pour **compléter** et **amplifier** ses capacités. Si elle est utilisée de manière éclairée et éthique, l'IA devient un **partenaire puissant** pour résoudre les défis les plus complexes de notre époque, tels que le changement climatique, les maladies incurables, ou les inégalités économiques.

Devenir Un Utilisateur Éclairé De L'ia

Pour bénéficier pleinement de l'IA, il est impératif de devenir un

utilisateur éclairé. Cela implique de :

- **Comprendre les principes fondamentaux de l'IA** : Apprendre ce que sont les algorithmes, les réseaux neuronaux, et comment l'IA fonctionne dans des contextes spécifiques.

- **Savoir utiliser les outils IA de manière responsable** : Il ne suffit pas de connaître l'existence des outils d'IA, il faut aussi savoir les utiliser correctement et de manière éthique. Que ce soit pour améliorer son travail, sa créativité, ou sa gestion quotidienne, l'IA est un outil puissant qui nécessite discernement et responsabilité.

- **Développer une conscience critique** : L'IA, bien que puissante, n'est pas infaillible. Elle peut être sujette à des **biais**, et ses décisions doivent être scrutées. Comprendre ses limites et ses biais est crucial pour éviter des erreurs ou des injustices dans son utilisation.

- **Apprendre à collaborer avec l'IA** : L'IA peut augmenter nos capacités humaines, mais pour cela, il faut l'intégrer dans nos processus de décision, dans nos workflows et dans nos interactions sociales. Savoir comment collaborer avec une IA, plutôt que de simplement la voir comme un outil autonome, est essentiel pour maximiser son potentiel.

Comment Aller Plus Loin Après Ce Livre

Ce livre a été conçu pour vous donner un aperçu général de l'IA, de ses applications et de son potentiel. Cependant, le domaine de l'IA est vaste et en constante évolution. Pour aller plus loin, voici quelques étapes à suivre :

1. **Continuer à se former** : L'IA évolue rapidement. De nombreuses plateformes en ligne offrent des formations gratuites ou payantes sur des sujets comme la data science, l'apprentissage automatique, et le deep learning. Des

sites comme Coursera, Udemy, et edX proposent des cours adaptés à tous les niveaux.

2. **Explorer des outils d'IA** : Pratiquez en utilisant des outils d'IA gratuits ou accessibles, comme ChatGPT, DALL·E, ou des plateformes de machine learning comme TensorFlow. Plus vous expérimenterez, mieux vous comprendrez les possibilités qu'offre l'IA.

3. **Suivre l'actualité de l'IA** : Lisez des articles, des blogs, et des recherches académiques sur les dernières avancées en IA. Suivre des experts du domaine sur des plateformes comme Twitter ou LinkedIn peut également être une excellente manière de rester informé.

4. **Participer à des communautés d'IA** : Rejoindre des forums, des groupes et des communautés sur des plateformes comme Reddit, GitHub, ou Stack Overflow vous permet de poser des questions, d'échanger des idées et de vous impliquer dans des projets concrets.

5. **Réfléchir aux enjeux éthiques et sociétaux** : L'IA pose de nombreuses questions éthiques. Comment la réguler ? Quelles implications pour la vie privée et la sécurité ? Il est essentiel de rester informé des débats éthiques et politiques qui se développent autour de l'IA, pour être un acteur éclairé de cette évolution.

L'intelligence artificielle n'est plus une simple vision futuriste, elle est là, présente et en constante amélioration. Elle transformera encore plus radicalement notre manière de travailler, de vivre, et d'interagir dans les années à venir. C'est une **révolution technologique**, et pour en tirer profit, il nous faut adopter une approche proactive : apprendre à comprendre l'IA, l'utiliser intelligemment, et prendre en compte ses implications éthiques et sociales.

Les utilisateurs éclairés de l'IA seront ceux qui sauront en tirer les meilleurs avantages tout en restant conscients des défis et des responsabilités qui y sont associés. L'IA n'est pas seulement un outil; c'est une **opportunité** de créer un avenir plus intelligent, plus équitable et plus humain.

Alors, en avant vers ce futur, avec la conviction que l'IA et l'humain peuvent avancer ensemble, main dans la main, pour bâtir un monde meilleur.

Fin du livre.

www.ingramcontent.com/pod-product-compliance
Lightning Source LLC
LaVergne TN
LVHW012337060326

832902LV00012B/1911